AF609522

LA ROUE DE FORTUNE

OU

CHRONIQUE DE GRANCEY,

ROMAN GÉNÉALOGIQUE

écrit au commencement du XIVe siècle,

traduit et publié pour la première fois

PAR ÉMILE JOLIBOIS.

CHAUMONT,

VEUVE MIOT-DADANT, IMPRIMEUR-LIBRAIRE.

MDCCCLVII.

PRÉFACE.

Nous ne nous sommes pas fait illusion sur l'importance de cet opuscule ; mais comme on y retrouve des traditions locales aujourd'hui perdues et qu'il reproduit, dans toute leur naïveté, plusieurs des légendes les plus populaires au XIVe siècle dans le diocèse de Langres, nous avons pensé qu'il pouvait être utile de le publier.

Quand l'historiographe de l'évêché, le P. Vignier, préparait les matériaux pour sa DÉCADE HISTORIQUE, il chercha à se procurer la ROUE DE FORTUNE. Il en trouva un fragment considérable dans le texte original, « un gros latin qu'on peut appeler burlesque »; mais tout d'abord il déclara le livre indigne d'arrêter l'attention d'un historien, et il le repoussa. « Je fus, dit-il, des plus âpres à le condamner, parce que j'y voyois beaucoup d'impertinences apparentes, de niaiseries, de grotesques et ne comprenois pas sur quoy il fondoit tant de fictions. » — Cependant il le reprit, il l'étudia, et « en ayant découvert la clef et le mystère, » il changea si bien d'opinion qu'il se proposa de faire de notre roman une sorte d'introduction à la grande histoire qu'il avait projetée ; mais comme le savant jésuite ne pouvait se résoudre à éditer un texte barbare, il fit de la ROUE DE FORTUNE une analyse critique qu'on retrouve dans ses manuscrits.

C'est donc un projet du P. Vignier que nous réalisons.

Nous ne pouvions que sanctionner l'arrêt porté par le maître contre le texte latin; et comme nous n'avions, pour le compléter, que des textes français de diverses époques, nous avons dû faire une traduction nouvelle. — Nous nous sommes servi :

1° Du texte latin conservé par Vignier et de l'analyse critique faite par cet auteur. (Mss. Bib. imp. Delamarre 9837—11.)

2° D'une traduction française, incomplète, intitulée : LA CHRONIQUE DE GRANCEY, et qui se termine ainsi : *Extraict d'ung certain volume de chronicque appartenant au s^r Helyon de Mailly, chevalier-seigneur d'Arc-sur-Thille, le XIIe apvril après Pasques 1556.* — (Mss. Bib. imp. 9622—3.)

3° D'une autre traduction, aussi incomplète, qui appartient au petit séminaire de Langres, et dont l'écriture date du commencement du XVIIe siècle.

4° Enfin de divers extraits qui se trouvent dans les collections de la bibliothèque impériale, intitulées : BOURGOGNE, CHAMPAGNE.

Notre traduction terminée, nous avons été frappé du peu d'ordre qui régnait dans la succession des faits, et nous nous sommes sans peine convaincu que les copistes et les traducteurs avaient agi chacun suivant sa fantaisie, celui-ci mettant au commencement ce qui était à la fin, celui-là se contentant de la généalogie, un autre, au contraire, ne s'attachant qu'aux légendes. Alors nous avons reconnu la nécessité d'un travail d'ordre ou de restitution qui, en groupant les familles, a donné au roman la clarté qui lui manquait.

Mais à quelle époque et par qui la CHRONIQUE DE GRANCEY a-t-elle été écrite?

D'après le roman, plusieurs personnes dont il donne les noms ont successivement mis la main à l'œuvre. Nous pensons qu'il faut laisser les noms à la fable, mais admettre le reste. La ROUE DE FORTUNE était, suivant nous, une sorte d'épithalame que l'on tirait des archives du château aux jours de fiançailles et qu'un clerc complaisant modifiait suivant les circonstances, pour égayer les réunions de famille, tout en faisant briller l'illustration et la gloire des parents et des amis. C'est l'opinion du P. Vignier, et l'on trouvera dans le livre la preuve à peu près certaine que le dernier de ces rapsodes fut un moine franciscain; mais quelques recherches historiques sont nécessaires pour fixer l'époque où ce religieux a pu clore la chronique. (Voy. XI—LXXVII et LXXXV.)

La maison de Grancey joue un rôle important dans l'histoire de Bourgogne depuis la fin du XIe siècle, et son nom est inscrit avec honneur dans les fastes de la guerre sainte. — Pendant le XIIe siècle, HUGUES et PONCE de Grancey furent successivement connétables du duc ; RENAUD, qui était sans doute frère de Hugues, fut l'un des fondateurs d'Auberive vers 1130, et plusieurs de ses descendants sont enterrés dans l'église de cette abbaye, à laquelle ils ont tous fait des donations. EUDES Ier, fils de Renaud, se fit templier à Bures. EUDES II vivait au commencement du XIIIe siècle; il avait pour femme Clémence, qui fonda la maison religieuse de Larrey en 1225. EUDES III lui succéda. Sous ce seigneur, Eléonore de Grancey épousa le vicomte de Dijon, Guillaume de Champlitte, et Nicolas de Grancey, chanoine de Langres, fit des donations à Auberive pour les aumônes de la porte du couvent et pour assurer du vin aux moines pendant toute l'année. GUILLAUME, successeur de Eudes III, épousa Elisabeth, fille de Jean de Thil. Ils vivaient encore en 1297 et eurent deux enfants, Eudes et Alix. Celle-ci, mariée à Jean de Choiseul, fut enterrée avec son mari à Morimond. Elle mourut en 1320 et Jean en 1336. Leur fille s'unit à Arnier de Saffres. EUDES IV épousa Isabeau de Blamont. De ce mariage naquirent Eudes; Cunégonde, femme du sire d'Arcis, puis du sire de Conflans; Marguerite qui, mariée d'abord au seigneur de Bosjean, épousa en secondes noces le comte de Saarbruck, sire de Commercy, dont le fils épousa Marguerite de Savoie; enfin Jeanne, femme du comte de Bourlemont. EUDES V, dit le GRAND, épousa en 1331 Mahaut de Noyers, fille de Miles VI et de Jeanne de Flandres. Marguerite, sœur de Mahaud, était depuis cinq ans femme du sire de Châteauvillain. Eudes fonda la collégiale de Grancey en 1361 et épousa en secondes noces Béatrix de Bourbon, reine de Bohême, comtesse de Luxembourg, veuve du roi Jean-l'Aveugle, qui avait été tué à Crécy. EUDES VI, fils du précédent et de Mahaud, épousa Iolande de Bar, d'où naquit JEANNE, qui épousa vers 1370 Jean de Châteauvillain et hérita à la mort de son père, en 1397, de la terre de Grancey, par suite d'un arrangement fait avec sa sœur, femme de Jean de Rodemach. Ainsi s'éteignit la première maison de Grancey, dont nous avons seule à nous occuper ici.

Grancey, qui fait aujourd'hui partie du département de la Côte-d'Or, était situé sur les limites de la Bourgogne et de la Champagne; mais il était compris dans le dénombrement de cette dernière province, bien que les habitants eussent toujours été plus Bourguignons que Champenois. Il resta pendant plus d'un siècle en la possession des seigneurs de Châteauvillain, et en 1504, à la mort de Jean VII, il échut à ANNE, sœur de ce baron, femme de Marc de Labaume, comte de Montrevel, qui eut pour héritier son fils Joachim. C'est en faveur de ce dernier que les terres de Grancey et de Châteauvillain furent érigées en comté par Henri II. — Les Hautemer, comtes de Fervaques, succédèrent aux Montrevel, et en 1611 Grancey fut érigé en duché en faveur de Guillaume, maréchal de France, qui mourut en 1613 sans enfants mâles. Sa seconde fille, dame de Grancey, épousa Pierre Rouxel de Medavy, dont l'un des fils, comte de Grancey, fut fait maréchal de France en 1651, dignité à laquelle fut également élevé son petit-fils Jacques-Eléonor. La maison de Medavy s'éteignit en 1728 par la mort de Louis-François, marquis de Grancey, dont la veuve conserva le château par suite d'un arrangement de famille. — Nous terminerons ici notre liste des seigneurs de Grancey, qui portaient d'*or au lion d'azur lampassé et couronné de gueules*. Le château, qui a été entièrement reconstruit, est aujourd'hui habité par M. de Mandat, héritier des anciens seigneurs.

Maintenant cherchons, selon l'expression de Vignier, la clef et le mystère de notre roman. De l'application toute particulière que met l'auteur à rehausser la noblesse et l'illustration des maisons de Bourlemont, d'Arcis, de Conflans, de Saarbruck, de Châteauvillain, on doit conclure que tous les enfants d'Eudes IV étaient alors mariés, ses filles mêmes en secondes noces. Notre chronique a dû par conséquent être écrite vers 1335. — Si l'auteur avait voulu se renfermer dans les données historiques, qui ne remontaient pas à plus de deux siècles, il n'aurait pas atteint son but; il inventa, et par ses fictions il trouva le moyen, avec l'aide de ses devanciers, de commencer son roman à la guerre de Troie. Les rois de France sont les descendants de Priam; mais les comtes de Langres sont de sang royal : les Grancey issus de ces comtes descendent donc aussi de Priam. — Il substitue dans les successions la loi des fiefs à la loi du sang, et de ce que, au XIVe siècle, il était généralement admis en France, spécialement dans les pays régis par les coutumes de Chaumont et de la Montagne, que lors d'un partage entre enfants nobles, l'aîné qui conservait le fief principal faisait relever de lui ses cadets et se chargeait de l'hommage au suzerain, il conclut que tous les possesseurs des grands fiefs de Bourgogne et de Champagne, qui relevaient, comme les sires de Grancey, du comte de Langres, étaient de la même famille, sans s'inquiéter si l'usage en vigueur de son temps était antérieur à l'établissement du régime féodal et si avant les Capétiens tous les fiefs étaient héréditaires. De là son arbre généalogique dont les rameaux embrassent toutes les grandes familles du diocèse de Langres et se rattachent par des alliances imaginaires aux principales maisons princières de France et même des royaumes voisins.

Cette généalogie est le cadre du roman, dont les légendes forment la partie dramatique. L'esprit religieux y domine et il suffit à l'auteur d'une relique en vénération dans quelque église du pays, pour qu'il mette en scène le saint, objet d'un culte particulier. Cependant, tous ses héros ne sont pas des saints, et pour imiter les romans de chevalerie il introduit aussi un amoureux. Il nous montre encore, par opposition aux gens de bien, des mauvais seigneurs, des tyrans, dont il fait la proie des démons. C'est ainsi qu'il justifie son titre de ROUE DE FORTUNE, et dans le purgatoire Saint-Patrick, où il conduit le sire de Bourlemont, il nous fait assister aux châtiments réservés aux méchants.

Si l'on veut juger la CHRONIQUE DE GRANCEY du point de vue historique, il ne faut pas oublier qu'elle a été écrite au XIVe siècle et qu'elle embrasse la période de nos annales sur laquelle, malgré les progrès de la science, règne encore de nos jours l'obscurité la plus profonde. Sans doute, elle n'a pas une grande valeur, mais il est facile d'y reconnaître les rudiments de l'histoire du pays langrois, car, dit Vignier, « il n'est point de fable si mensongère qui ne contienne quelque vérité cachée, comme le feu l'est sous la cendre, laquelle il faut remuer afin qu'elle éclate. »

LA ROUE DE FORTUNE

OU

CHRONIQUE DE GRANCEY.

LIVRE I.

ORIGINE DES MAISONS DE BOURLEMONT ET DE GRANCEY.

1. A Troie-la-Grande régnait Priam. Pâris son fils ayant enlevé Hélène, femme de Menelas, frère du roi des Grecs Agamemnon, les princes grecs coalisés armèrent contre Troie. Après un long siége, la ville fut prise et détruite ainsi que le royaume de Priam, et les Grecs ramenèrent Hélène dans sa patrie. Alors les Troiens se dispersèrent dans toutes les parties du monde. Deux frères, Romulus et Remus, s'arrêtèrent dans un lieu désert près du Tibre et y jetèrent les fondements d'une ville à laquelle Romulus donna son nom. Remus voyant que le nom de son frère serait ainsi à jamais célèbre, alla fonder en Champagne la ville de Reims. Pâris était déjà établi en France, où il avait acheté une terre : il agrandit bientôt son domaine, en forma un royaume, et la ville capitale, qui jusque-là avait porté le nom d'Isis, s'appela Paris.

1. La plupart des chroniques du moyen-âge commencent ainsi ; quand elles ne remontent pas à Adam, elles manquent rarement de prendre pour point de départ la ruine de Troie. Ce n'est guère qu'au XVIe siècle qu'on s'est appliqué à remonter à la véritable source de nos origines nationales, et jusque-là on a cru généralement, bien que quelques savants aient déjà fait exception, que les rois de France descendaient de Priam, que la ville de Paris devait son nom à Pâris, et e Reims à Remus.

II. Sur le territoire des *Leuci*, dans cette partie de la Lorraine qui est baignée par la Meuse, il y avait anciennement deux villes considérables, *Moncel* et *Grand*, et un château qu'on appelait *Vieux-Châtel*, à cause de sa haute antiquité, qui remontait à l'origine du monde. Le roi de ce pays était payen et on l'appelait malchio, parce que ses États comprenaient les marches de Lorraine, de Champagne et de Bourgogne. Il frappait une monnaie dite nantoise. Nous parlons d'une époque bien antérieure à la naissance du Christ, antérieure même à la ville de Rome et qui

II. Le pays de Meuse dont il est ici question comprenait la partie de l'évêché de Toul, limitrophe du diocèse de Langres; il était en grande partie champenois et du bailliage de Chaumont, notamment Bourlemont, dont le roman fait une capitale, prétendant que ce domaine s'appelait primitivement *Vieux-Château*. Il y a eu effectivement une famille de ce nom dans le Bassigny; mais nous pensons qu'elle avait pris son nom du vieux château de Bourbonne dont elle était encore en possession au XIIIe siècle. Les seigneurs de Bourlemont ont les principaux rôles dans la *Roue de Fortune;* mais leur généalogie, comme celle des Grancey, ne remonte pas au-delà des dernières années du XIe siècle. Des Bourlemont ont aussi pris part aux croisades, et Pierre était au rang des chevaliers bannerets de Champagne sous Philippe-Auguste. Cette famille s'éteignit en 1436 par la mort de Jeanne, femme de Jean II d'Anglure, dont le fils réunit au nom de son père celui de sa mère. Le dernier des d'Anglure-Bourlemont mourut en 1717; mais à la Révolution, le seigneur de Frébécourt portait encore le titre de comte de Bourlemont. — Le pays de Hautgué (*Altum vadum*) n'est autre que l'ancien comté des Attuariens qui, limité par la Thil, la Saône et la Vingeanne, comprenait Mirebeau et Fontaines (Côte d'Or); Autrey, Fouvent, Morey, Champlitte et Conflans (Haute-Saône), et Montsaugeon (Haute-Marne). Le château de Hautgué, fief dominant de cette contrée, d'après la chronique, aurait existé près d'*Auvet* (Haute-Saône). Quelques manuscrits traduisent même *Altum vadum* par *Auviers*. Les sires de Grancey ont possédé une partie considérable de l'ancien comté des Attuariens; c'est pourquoi la *Roue de Fortune* les fait descendre des comtes qui, au VIIe siècle, avaient la garde de ce pays, comme elle fait remonter l'origine des Bourlemont aux chefs des marches de Lorraine. Mais il fallait à l'auteur une origine plus illustre encore pour ses héros, et il fait des deux contrées d'anciens royaumes ruinés par les Barbares. La haute antiquité des localités dont il fait mention est bien établie, et sans doute il place aux forges de *Nantois*, près de l'ancienne *Nasium*, l'atelier monétaire de ses malchios. Il lui restait à mettre aussi en relief le domaine de Grancey : il y place des géants; et, en cela, il est d'accord avec d'autres romans; dans *Artus*, par exemple, ce héros, voulant établir son camp près de Grancey pour y attendre le chef romain Lucius, y trouve un géant qu'il appelle en combat singulier et qu'il tue.

remonte à la fondation des villes de Troie, de Babylone, de Thèbes et d'Athènes, époque à laquelle existait en Bourgogne le royaume de *Hautgué*, et où les territoires de Grancey et de Salive étaient habités par des géants.

III. Or, au temps de l'Incarnation de Notre-Seigneur, Hector était malchio ou roi du pays de Meuse. Fils du soudan de Babylone, il avait épousé Hélène, dame de Grancey, de ce vieux castel aussi ancien que le monde, et des terres d'alentour. Hélène était fille d'un des rois éduens, car la cité des Éduens avait plusieurs rois. Alors les rois et les princes, afin de consolider leur domination, s'unissaient étroitement par des mariages, et les malchios de Lorraine, les soudans, les rois de Grèce et de Hautgué, les ducs d'Athènes, de Thèbes, etc., étaient de la même famille. Le frère d'Hector le malchio était duc d'Athènes. Il avait deux fils : l'aîné, roi de Grèce, imitait Alexandre, l'un de ses prédécesseurs, dans ses libéralités envers ses officiers ; de lui sont issus Ste Catherine, fille du roi Costus, S. Nicolas de Patares et S. Florent de Thil-Châtel. L'autre fils du duc s'appelait Denys. Il étudiait à Rome, car alors la ville de Romulus brillait par les sciences, comme Athènes dans l'antiquité et Paris de nos jours. Quand la terre se couvrit de ténèbres au moment de la mort du Christ, Denys s'écria : *Ou le monde s'écroule, ou le vrai Dieu de la nature est mort ;* et aussitôt il fit dresser un autel *au Dieu inconnu.* Lorsque Paul vint

III. Depuis les Croisades on s'occupait beaucoup de l'Orient, de la Grèce, d'Athènes, de Thèbes, etc., dont il est ici question ; mais l'auteur pensait bien qu'on trouverait étranges les alliances matrimoniales de ses héros, car il croit devoir en expliquer la raison par une nécessité politique. Nous ne chercherons pas, et l'on doit bien s'y attendre, à débrouiller la généalogie des personnages ; nous dirons, une fois pour toutes, que là tout est fiction ; cependant, à l'égard de S. Denys, nous croyons devoir relever un anachronisme : l'auteur confond, comme les légendaires l'on souvent fait, S. Denys l'aréopagiste, qui vivait au 1er siècle, avec S. Denys, évêque de Paris, envoyé de Rome dans les Gaules vers 250 et mis à mort vers 272.

à Rome, après la Passion du Sauveur, il vit cet autel et demanda qui l'avait fait dresser : « C'est, lui répondit-on, Denys, un étudiant. » Il alla le trouver, lui expliqua l'Incarnation du Christ, sa passion et sa mort. Denys crut en Dieu et Paul le fit soldat du Christ.

IV. Le nouveau chrétien s'empressa d'annoncer la bonne nouvelle à son oncle Hector et à Hélène, qui se firent aussitôt baptiser à Toul, capitale de la cité des *Leuci*, par S. Mansui. Hector prit le nom d'*Amédée* et Hélène celui de *Bonne*. Peu de temps après, le pape Clément envoya S. Denys en France où il trouva la mort dans la lutte qu'il entreprit contre les payens dont il tua un grand nombre. On enterra son corps près de Paris, dans le lieu où s'éleva depuis l'abbaye S. Denys, qui renferme les tombeaux des rois.

V. Amédée et Bonne, ainsi convertis à la foi chrétienne, voulaient faire élever une chapelle en l'honneur du vrai Dieu et de la vierge Marie. Un jour que le bon roi, dans le vieux château qu'on appelait aussi *Bourlemont*, tenait conseil avec sa femme, ses chevaliers et ses écuyers, sur le choix du lieu le plus propre à la construction de cette chapelle, un ange descendit au milieu d'eux, sous la forme d'une colombe, et s'étant posé sur le bâton du vieillard, il dit : « C'est ici qu'il faut consacrer l'autel du Seigneur. » A peu de temps de là la chapelle était construite. Alors le vieux château de Bourlemont prit le nom de *Cilline*.

IV. S. Mansui, premier évêque de Toul, vivait au milieu du IVe siècle; il n'était donc contemporain ni de S. Clément, ni de S. Denys.

V. Le château de Bourlemont prend ici le nom de Oilline, pour le besoin du roman, comme nous le verrons bientôt (VII).

VI. Dans le domaine de Grancey il existait de toute ancienneté un vaste territoire qui s'étendait d'un côté de Marey à Is et de l'autre de Selongey à Saulx ; quelques habitations avaient été construites ça et là dans les champs, et au milieu s'élevait un temple payen où se trouvaient les tombeaux des géants de Grancey et de Salive, des malchios, des rois de Hautgué, des ducs et des comtes du pays de Bourgogne. Amédée fit renverser ce temple et éleva à la place, près du chemin de Saulx, une chapelle en l'honneur de Dieu et de la vierge Marie. Bientôt des habitations se groupèrent autour de l'édifice, et le territoire, qui cessa dès lors d'être le repaire des brigands pendant la nuit, prit le nom de *Villey*. Cependant on continua à y enterrer les seigneurs du pays. Amédée et Bonne, qui y eurent aussi leur sépulture, vécurent chacun trois siècles.

VII. Bénédicte de Cilline ou de Bourlemont, fille d'Amédée, avait épousé Emilius, duc de Laon. C'est elle qui fonda à Bourlemont l'église de Tous-les-Saints et la chapelle dédiée à S. Vincent, son parent. Elle établit encore au château une communauté de douze chanoines et un doyen qu'elle dota du revenu de la

VI. Villey est une commune du département de la Côte-d'Or ; sa situation est bien indiquée, et le territoire qui faisait partie du domaine de Grancey était bien anciennement couvert de fermes. A deux kilomètres de la commune actuelle, il existe un ancien cimetière d'où l'on a tiré, à diverses époques, un grand nombre de cercueils de pierre. Dans le dernier siècle, on voyait encore au milieu des vignes une chapelle que l'on disait avoir été construite sur l'emplacement d'un temple payen. Enfin Vignier assure que l'on voyait, de son temps, dans cette chapelle, un autel portant cette incription : NVMINIBVS AVGVSTORVM SACRVM. — Nous trouverons bientôt l'explication de la longévité d'Amédée et de sa femme (VIII).

VII. La femme d'Émilius de Laon s'appelait réellement Cilline; mais on ne sait de quelle famille elle sortait. C'était pour pouvoir la rattacher aux rameaux de sa généalogie que notre auteur changeait le nom de Bourlemont en celui de Cilline (V). Du reste, le fond de la fiction est emprunté à l'histoire de Ste Salaberge qui se retira, comme on sait, du pays de Meuse à Laon.

foire de la Toussaint et de celui du marché qui se tenait le mercredi de chaque semaine sur la place du château. L'église de Tous-les-Saints n'était que l'oratoire de la famille qui avait toujours sa sépulture à Villey.

VIII. Emilius et Bénédicte avaient deux fils : S. Principe, évêque de Soissons, et S. Félix qui, après avoir possédé le duché de Laon pendant quelque temps, succéda à son frère à Soissons. Mais un jour un vieux moine qui était aveugle fut chargé par un ange d'annoncer à Bénédicte qu'elle serait encore mère : « Allez vers cette sainte femme, lui avait dit le messager céleste, et lui annoncez qu'elle mettra au monde un fils qui aura nom Remy, et qu'il deviendra archevêque de Reims. Le lait qui nourrira cet enfant vous rendra la vue. » Quand le moine remplit sa mission, Bénédicte n'ajouta pas foi d'abord à cette révélation : « Comment cela pourrait-il se faire, répondit-elle, car nous sommes âgés, mon mari et moi, et nous n'avons pas eu d'enfants depuis cinquante ans ? » Tout est possible à Dieu, dit alors le religieux : Marie est en même temps vierge et mère ; Élisabeth était octogénaire quand elle a enfanté Jean-Baptiste. » Bénédicte ne persista pas dans son incrédulité : « Je suis, dit-elle en toute humilité, la servante du Seigneur. » Elle eut en effet un fils, S. Remy, qui naquit dans un village qu'on appelait alors *Rupt-sur-Meuse* et qui, depuis, a porté le nom de *Dom-Remy*. Comme l'avait annoncé l'ange du Seigneur, Remy fut élu archevêque de Reims.

VIII. Le nom de S. Principe, fils de Cilline et évêque de Soissons, est historique; mais il n'est nulle part fait mention de son prétendu frère, S. Félix. Le récit relatif à S. Remy est conforme à la légende; mais nous ajouterons que le moine aveugle était du diocèse de Langres et qu'il s'appelait Montan. L'auteur profite de l'incertitude où l'on était sur le lieu de la naissance de S. Remy pour faire de son royaume de Meuse le théâtre de tous les événements qu'il raconte; mais il paraît certain que Cilline habitait le Laonnais et que l'évêque de Reims est né à Cerny. S. Remy est mort en 533. C'est pour faire concorder la généalogie de la chronique avec cette date que l'on a fait vivre trois siècles Amédée et sa femme (VI).

IX. Bientôt Clovis, roi de France, touché des récits que l'on faisait des miracles opérés par le fils de Bénédicte, désira se faire chrétien ; mais il voulait être baptisé par le saint archevêque et il alla le trouver. Remy, rempli de joie, adressa à Dieu sa prière ; il fit au roi une longue instruction, puis il commença le mystère ; mais quand il voulut prendre l'huile sainte pour le baptême, il n'en trouva pas dans l'ampoule. Un clerc qui alla en toute hâte en chercher dans une église voisine, fut frappé de mort subite en traversant la foule pour revenir dans le temple. Alors le prélat s'adressa au Seigneur ; sa prière fut exaucée : un ange, descendant sous la forme d'une colombe, apporta l'huile sainte de la demeure du Roi des rois. Clovis et la reine furent donc baptisés, et tout le peuple crut en Dieu.

X. S. Remy étant archevêque de Reims, Dieu envoya à Bénédicte sa mère une pierre précieuse qu'un ange lui remit tandis qu'elle priait dans son oratoire : « Ce sera, lui dit le messager, la bénédiction, la sauvegarde (*bonum omen*) des Bourlemont, et celui de la famille qui portera ce joyau sera invincible et hors de tout danger, pourvu qu'il soit sans péché. » Dieu mettait cette condition afin que sa faveur ne devînt pas un motif d'orgueil pour celui qui en serait l'objet. C'est par la même raison qu'il a exigé que le roi de France fût sans péché pour qu'il pût exercer le pouvoir qu'il lui avait donné de guérir les écrouelles.

IX. Ce récit est conforme à la légende ; seulement l'auteur fait mourir le clerc qui alla chercher l'huile sainte, tandis qu'il fut seulement *arrêté par la foule* ; il paraît qu'il a mal lu le mot *interruptus* employé par Flodoard. On sait que cet historien, qui vivait au Xe siècle, est le premier qui parle de l'ampoule, ce qui a donné lieu à de longues discussions sur l'authenticité d'un fait aussi considérable.

X. La tradition du *bonum omen* des Bourlemont ne s'est perdue qu'à l'extinction de la famille : on disait vulgairement le *Bonhomme Bourlemont*, ou même seulement *Bon-Bourlemont*.

XI. S. Félix, frère d'Emilius et de Bénédicte, eut une fille, Élisabeth, et trois fils : S. Loup, évêque de Troyes ; Philippe, duc de Laon, et Édouard, comte de Bourlemont. Élisabeth épousa le préfet du prétoire, Euphemian, sénateur romain. Le pape S. Grégoire et S. Alexis sont au nombre de ses descendants. Cette branche patricienne de Bourlemont a encore produit un humble rameau d'où est sorti François d'Assise. Ce saint homme, qui était rempli d'admiration et d'amour pour la noblesse, ne savait pas qu'il était lui-même de noble lignage. Ayant appris par révélation divine qu'il était descendant d'Élisabeth, il pria le Seigneur de lui faire connaître les hauts faits de sa famille, et un ange lui apporta un livre dans lequel l'histoire des Bourlemont était écrite comme nous l'avons racontée nous-même.

XI. Nous avons déjà dit que ce Félix n'a jamais existé. L'auteur profite ici, comme à l'ordinaire, des obscurités de l'histoire pour rattacher à sa chronique les noms les plus populaires de son temps, sans s'inquiéter des anachronismes ; par exemple, S. Alexis est bien fils d'Euphemian, sénateur romain ; mais il est né à Rome vers 350, et il serait dès-lors difficile de l'admettre comme petit-neveu de S. Remy, qui vivait au VIe siècle. Quant à S. François, l'instituteur de l'ordre des frères mineurs, dits Franciscains, on sait qu'il naquit à Assise en 1182 et qu'il mourut en 1226. Il était fils d'un marchand. S. François jouissait d'une grande popularité en Bourgogne ; peut-être y vint-il lui-même ; mais il est certain que ce fut son compagnon Rodolphe qui fonda en 1227 le couvent des frères mineurs de Châtillon-sur-Seine. Quoiqu'il en soit, l'origine du saint homme a donné lieu à d'interminables disputes, les uns le faisant noble, les autres roturier ; et comme la *Roue de Fortune* semblait mettre d'accord les deux partis en faisant François roturier, mais de noble extraction, il paraît qu'on a publié en 1658 les fragments de la chronique qui le concernent, sous ce titre : *Généalogie curieuse à l'honneur de quantité de noblesse de Bourgogne et du Bassigny.* Nous disons *il paraît*, parce qu'il nous a été impossible, malgré toutes nos recherches, de nous procurer cette brochure que nous ne connaissons que par la mention qu'en a faite le P. Lelong. C'est surtout la dernière phrase de ce paragraphe qui nous a fait attribuer la chronique de Grancey à un moine franciscain qui pouvait appartenir au couvent de Châtillon.

XII. Ainsi, avant la naissance du Christ, il y avait eu dans le château qu'on a successivement appelé *Vieux-Château, Cilline* et *Bourlemont*, un malchio, roi du pays de Meuse. Vers l'époque de l'Incarnation, Bourlemont était encore capitale d'un royaume; mais bientôt ce château fut réduit à l'état de comté et même de châtellenie, et il ne battait plus monnaie ; puis vinrent les Vandales qui le ruinèrent, ainsi que tout le pays environnant. Il en fut de même de l'ancien royaume de Hautgué qui avait eu dans sa dépendance Champlitte, Conflans, Autrey, Montsaugeon, Fouvent, Fontaines, Morey, Mirebeau et plusieurs autres châteaux importants. Il fut complètement démembré. Au premier siècle du Christianisme, les descendants des rois de Hautgué avaient déjà fondé dans leur baronnie de Bèze l'abbaye de ce nom, et ils avaient donné la baronnie à l'abbé, qui avait pris le titre de prince.

XII. Voici, par un tour de la *Roue de Fortune*, les royaumes de Meuse et de Hautgué bouleversés; nos héros ne seront plus dans la suite que de simples barons. L'abbaye de Bèze a été fondée par Amalgar, comte des Attuariens, qui vivait vers 640 et qui a effectivement donné la seigneurie de Bèze à la nouvelle communauté.

LIVRE II.

LES DEUX FILS ET LA FILLE AINÉE DU COMTE DE LANGRES.--- LEURS DESCENDANTS.

XIII. Charles étant roi des Francs et empereur des Romains, Esturde, fils de Heudet, prince de sang royal, neveu de l'empereur et du pape, parent de tous les pairs du royaume par naissance ou par alliance, était comte de Langres, et il avait réuni tous les domaines des géants de Grancey et des rois de Hautgué. C'est à cette époque que furent fondées les abbayes de Pothières et de Vézelay par Gérard de Roussillon, pair de France, descendant du roi Clovis en ligne directe, neveu du pape, du roi d'Écosse et de celui d'Espagne. Ce puissant baron ayant fait au roi Charles une longue guerre pour la possession du comté

XIII. Charlemagne a rétabli l'ordre. La ville de Langres est le chef-lieu d'un comté qui renferme les anciens domaines des géants de Grancey et des rois de Hautgué. — Esturdes, l'un des plus braves officiers de l'empereur, fut comte de Langres. Ce nom est historique, et, comme ceux de tous les dignitaires du grand empire, il a été poétisé par les troubadours. La chronique de l'archevêque Turpin fait mourir Estulphe ou Esturdes à Roncevaux et dit qu'il fut enterré à Arles avec Samson, duc de Bourgogne, et plusieurs autres seigneurs; elle le fait pair et lui donne un blason : *d'or à deux fasces de sinople à la bordure d'azur*. L'auteur de la *Roue de Fortune* est plus hardi; il rattache Esturdes à toutes les familles princi res; mais il n'y a de vrai que l'existence d'un comte de Langres au IXe siècle. — Le nom du fameux Gérard de Roussillon était trop populaire dans l'évêché pour qu'on l'oubliât : le récit est conforme à la *Chronique de Pothières*. Gérard est la personnification de la résistance à l'unité monarchique. Les ducs de Bourgogne, les sires de Vergy et autres étaient ses descendants, féodalement, c'est-à dire qu'ils possédaient ses anciens domaines.

de Sens, fonda, quand la paix fut faite, par humilité et par dévotion, treize maisons religieuses qui existent encore, entre autres Vézelay et Pothières qu'il soumit au Saint-Siége. Il avait prié ses amis de l'enterrer à Pothières, en quelque lieu qu'il mourût. Or, il arriva que Gérard mourut à Saint-Gilles en Provence. On l'y enterra ; mais, pendant sept ans, les arbres ne fleurirent pas dans ce pays ; la terre ne produisit aucun fruit. Enfin, à la suite d'une révélation divine, les habitants firent transporter le corps du baron à Pothières. C'était vers la S. Remy d'octobre et aussitôt, par miracle, tous les arbres se couvrirent de fleurs. Le tombeau de Gérard de Roussillon est placé à droite de l'autel principal de l'abbaye ; celui de sa femme est à gauche. De lui sont issus les ducs de Bourgogne, les seigneurs de Vergy, de Mont-Saint-Jean et plusieurs autres.

XIV. Esturdes de Langres épousa la fille du roi d'Angleterre dont il eut quatre enfants, deux fils et deux filles. L'aîné des fils eut le comté. C'est par lui et par ses successeurs que furent fondés à Langres l'évêché, la communauté des chanoines, ayant un dortoir commun et un réfectoire ; l'église des Saints-

XIV. Voici la souche de l'arbre féodal de l'évêché de Langres, et pour la rendre plus illustre, on donne pour femme à Esturdes la fille du roi d'Angleterre. L'origine des grandes familles du diocèse est inconnue, et ce n'est, le plus souvent, qu'au XIIe siècle que l'on trouve des traces certaines de leur existence. Notre auteur avait donc toute liberté de charger d'illustrations les rameaux de son arbre et il ne manque pas d'en profiter. Aussi ne nous attacherons-nous qu'aux quelques faits historiques qui sont, pour ainsi dire, le ciment de ses fictions. C'est à l'évêque Albert, qui gouverna l'église de Langres de 820 à 838, que l'on attribue l'établissement des chanoines de la cathédrale en communauté, la construction du cloître et des lieux réguliers. L'église Saint-Geismes a été construite vers 830, et il n'y avait auparavant dans ce lieu qu'une chapelle qui renfermait les reliques des SS. Jumeaux. On n'a aucune preuve de l'existence d'un couvent à Châtenay-Vaudin ; cependant la tradition est constante et l'on prétend que cette maison religieuse s'appelait *Vallum Dei* d'où viendrait le nom de *Vaudin*. Le comté de Tonnerre était bien de la mouvance de Langres, et il était fief de *parage* ou en dehors de cette coutume établie en Champagne, que le ventre, c'est-à-dire la mère, anoblissait les enfants, quoique le père fût roturier.

Jumeaux, où il y eut d'abord des nonnes, puis des chanoines réguliers, et le couvent des religieuses de Châtenay-Vaudin. Le second fils d'Esturdes fut comte de Tonnerre ; il tenait ce comté, qui est un fief de *parage* ou de *parentèle*, du comte de Langres, son frère aîné. Il épousa la fille du roi de Navarre. Les comtes de Tonnerre ont fondé l'abbaye Saint-Michel de cette ville et la communauté des moines blancs de Pontigny, fille-mère de l'ordre de Citeaux. Ils ont contracté alliance avec les comtes d'Auxerre, dont sont issus S. Germain et l'évêque de Langres S. Grégoire, et avec les comtes de Joigny et de Nevers.

XV. Le fils aîné d'Esturdes avait eu trois enfants, deux fils et une fille. L'aîné des fils eut le comté avec toutes ses dépendances ; le second devint évêque de Langres, et la fille, Adeline, fut duchesse d'Orléans. Le comte étant bientôt mort sans enfants, l'évêque et sa sœur obtinrent du roi et du Souverain-Pontife l'union du comté à l'évêché. C'est depuis ce temps que l'évêque de Langres est pair de France, comme l'était l'ancien comte, et tous les vassaux du comté doivent lui rendre hommage. Alors aussi il fut établi que les chanoines de la cathédrale, qui avaient été réguliers jusque-là, ne seraient plus soumis à l'observance.

XV. Le comté de Langres avait été réuni à l'évêché par Lothaire en 967 ; mais comme les évêques étaient impuissants à le défendre dans les jours de danger, l'évêque Bruno l'avait donné, en 1013, à Willem de Saulx, c'est-à-dire qu'il en avait confié la garde à ce seigneur. En 1178, l'évêque Gauthier le racheta de la maison de Saulx pour le réunir de nouveau et définitivement au siége épiscopal. C'est, en effet, après cette réunion, que fut organisé le chapitre et que le prélat prit rang parmi les pairs. Nous pensons que l'auteur n'a introduit ici une duchesse d'Orléans, la bonne et pieuse Adeline, que pour plaire à la duchesse Valentine, à qui Jean de Meung a également dédié un de ses ouvrages ; à moins qu'il n'ait voulu désigner Adeline, femme du comte de Boulogne et aïeule de Baudoin, roi de Jérusalem, père de Godefroi de Bouillon.

XVI. La duchesse Adeline fit beaucoup de bien à l'Église et dans tout le comté. Il y avait encore à Cressey, comme autrefois à Villey, un temple dédié à Apollon : elle renversa la statue de ce faux dieu et la remplaça par une image de S. Sulpice, primat de Bourges, qui était son parent, étant issu de la famille de Tréchâteau. Elle fit des donations considérables à l'abbaye Saint-Bénigne de Dijon, dont elle est considérée comme fondatrice. Les Vandales ruinèrent cette maison ; mais Roland reprit tous les biens qu'on avait donnés aux moines et les leur rendit, en leur confirmant par une charte la possession de la rivière banale de Dijon. Quant à la duchesse, parente de Roland, elle ne songea jamais, borne qu'elle était, à donner une charte semblable, et tout ce que les religieux possèdent sans titres vient d'elle. Elle avait donné entre autres choses à Saint-Bénigne la ville de Montigny-le-Roi, que l'abbé céda bientôt à l'évêque par échange, et l'évêque à la Couronne. Le roi y fit construire un château-fort de l'argent trouvé dans les fondations des murs de Troyes en Champagne. La duchesse d'Orléans donna encore à l'abbaye Saint-Denis Beaune-en-Gâtinois, avec ses dépendances, ce qui vaut bien annuellement dix mille livres Roland reprit aussi ce bien aux Vandales qui s'en étaient emparés.

XVII. Mais les Barbares détruisirent complètement une abbaye dédiée à tous les Saints, qu'Adeline avait fondée à Villey

XVI. Cressey est près de Villey. L'église est sous le vocable de S. Sulpice, et la fête de ce patron a été fondée par le seigneur du lieu : il y a donc un fonds de vérité dans la *Chronique*. C'est en 509 que l'évêque S. Grégoire a fondé l'abbaye Saint-Bénigne ; Adeline ne pouvait donc en avoir été que bienfaitrice. Le récit relatif à Montigny est conforme à l'histoire ; seulement on ne sait à quelle époque faire remonter la donation de ce fief à l'abbaye ; mais il est certain que l'évêque l'acheta des religieux en 1217. On admirera la naïveté de l'auteur relativement aux biens que l'Église possédait sans titres.

XVII. Il n'y a jamais eu, que nous sachions, d'abbaye à Villey, et les terres que possédait l'Église sur le territoire de cette paroisse provenaient de donations faites par les seigneurs de Saulx et de Grancey.

en faveur des Bénédictines et dont Élisabeth, de la maison de Grancey, fut première abbesse. Les biens de cette communauté restèrent à la disposition de l'évêque, qui en laissa d'abord jouir le chapitre de la cathédrale, et les distribua plus tard entre les principaux monastères du diocèse. Une partie fut donnée aux religieux de Saint Étienne quand on les transféra de Quétigny à Dijon; ceux de Saint-Bénigne en obtinrent une partie lors de la translation du corps du saint patron de leur communauté; quand l'évêque, revenant de son voyage à Saint-Jacques, transporta le corps de S. Prudent de Narbonne à Bèze, il en détacha encore une nouvelle partie; enfin le reste servit à la dotation de Molesme lors de l'établissement de cette communauté par saint Robert.

XVIII. Le roi de Jérusalem, descendant de David et des autres rois qui furent les ancêtres de la vierge Marie, issu lui-même de S. Paul, des SS[tes] Marthe et Magdelaine, avait épousé Adeline. Il en eut deux fils. L'aîné fut roi de Jérusalem. L'autre eut le duché d'Orléans et on lui doit l'institution des chanoines réguliers de cette ville; mais il fut bientôt élu roi de France. Il eut un fils qui fut roi tout en conservant le duché d'Orléans, et quatre filles.

XIX. La première des filles de ce roi fut reine de Cappadoce; d'elle sont issus S. Georges, S. Vincent et S. Prudent de Bèze. La seconde fut reine d'Ecosse; elle eut pour descendants S. Flo-

XVIII. Sans doute il s'agit ici de la famille capétienne qui possédait Orléans. Ce sont les propriétés territoriales de cette puissante maison sur les confins de la Champagne, de la Bourgogne et de la Lorraine qui, détachées du domaine royal, y ont constitué les principaux fiefs de ces contrées et donné naissance aux premières familles féodales.

XIX. Ce paragraphe est rempli d'anachronismes : S. Georges, prince de Cappadoce, le Persée des chrétiens, souffrit le martyre sous Dioclétien; S. Vincent était de Sarragosse et mourut au IVe siècle, à moins qu'il ne s'agisse de S. Vallier, qui subit le martyre avec notre S. Didier au IIIe siècle et que quelques agio-

rentin et Ste Ursule. Ursule était une pieuse fille. Le roi d'Écosse son père voulut la marier ; mais comme elle avait secrètement fait vœu de virginité, elle s'enfuit le jour de ses noces. D'autres vierges se réunirent bientôt à elle, au nombre de onze mille ; elles allèrent ensemble à Rome et dans d'autres contrées, donnant l'exemple de toutes les vertus, et elles restèrent vierges jusqu'à leur mort. Le tyran de Cologne n'ayant pu réussir, par caresses ni par ruse, à séduire Ursule, il la tua avec toutes ses compagnes. — Ces saintes filles ont été couronnées vierges et martyres dans le Paradis. — La troisième fille du roi fut comtesse de Flandre ; d'elle est issu S. Mammès de Langres.

XX. La quatrième fille du roi de France fut duchesse de Bretagne. Elle eut deux fils : le premier hérita du duché, et l'on doit remarquer ici que la Bretagne était autrefois un royaume où régna le bon roi Artus dont Lancelot du Lac était parent ; le second fut comte d'Étampes. De celui-ci naquirent deux fils : l'aîné, comte d'Étampes, dissipa tous ses biens ; le second, vicomte d'Orléans, eut deux enfants : S. Loup, archevêque de Sens, et un autre fils, Pierre, qui succéda à son père. Un jour que S. Loup célébrait l'office divin, un ange du Seigneur, sous la forme d'une colombe, lui apporta, après la communion, une pierre précieuse qu'il laissa tomber dans le calice. Cette pierre

graphes appellent aussi S. Vincent ; S. Florent ou Florentin, l'un des compagnons de S. Vallier, fut mis à mort près de Tréchâteaux ; quant à Ste Ursule, on croit qu'elle vivait à la fin du IVe siècle. Ursule eut pour compagne de son martyre à Cologne Vudecimilla, la onzième fille, d'où les légendaires ont fait les onze mille vierges. On voit que ces saints personnages ne peuvent pas être les descendants d'Adeline. Notre auteur ne devait pas oublier le patron du diocèse ; mais il l'aurait plus convenablement placé, sauf la concordance des dates, dans la descendance de la première fille du roi, puisqu'on le croit né en Cappadoce vers 260. Du reste, les reliques de S. Mammès ont été apportées à Langres de Constantinople, et l'on sait que la maison de Flandre a occupé le trône de Constantin.

XX. S. Loup ou Leu était effectivement du pays d'Orléans et d'une maison alliée à la famille royale. Il est mort en 623.

est conservée dans l'église de Sens, où l'on voit également le tombeau du saint évêque. Dieu a donné à son bien-aimé le pouvoir de guérir les malades de la fièvre et du mal caduc. Mais si S. Loup vivait saintement, il n'en était pas de même de son frère, comme nous le verrons bientôt.

XXI. La fille aînée du comte de Langres Esturdes fut dame de Grancey, de Saulx, de Thilchâtel, de Montsaujon, de Coublanc et de Clefmont-en-Bassigny. Elle épousa le fils du roi de Bohême dont elle eut deux fils : l'aîné eut le royaume de Bohême; l'autre fut seigneur de Grancey, de Saulx, de Thil, de Montsaugeon, de Coublanc et de Clefmont. Celui-ci épousa la fille du roi de Hongrie dont il eut six fils, entre lesquels il partagea ses six seigneuries. L'aîné, sire de Grancey, épousa la fille du dauphin de Vienne. Il en eut huit filles et un seul fils qu'il maria à la fille du seigneur de Noyers. Les seigneurs de Grancey ont fondé le prieuré Saint-Nicolas, celui de Saint-Germain et l'église Saint-Loup à Marey, sur leurs terres.

XXII. A cette époque, il y eut guerre entre les barons français. Après s'être battus sur divers points du royaume, ils se ren-

XXI. Jusqu'ici les descendants du comte de Langres sont devenus à peu près étrangers au pays; mais voici la fille aînée d'Esturdes dont les petits-fils vont fonder les principales maisons féodales de frontières de Bourgogne et de Champagne, celles de Grancey, de Saulx, de Thil, de Montsaugeon, de Coublanc et de Clefmont. Nous n'avons pas besoin d'ajouter que cette filiation est toute d'invention et qu'il ne s'agit que du démembrement de l'ancien comté par l'établissement de l'hérédité des fiefs. Nous le répétons, les fondateurs de ces maisons ne sont pas connus.

XXII. Il paraît certain qu'il y a eu à Allofroy, près d'Auberive, une grande bataille; mais on n'est pas d'accord sur l'époque où cet évènement eut lieu. Allofroy faisait partie du domaine de Grancey; l'auteur ne pouvait donc manquer d'y placer une épisode de son roman. On y voyait encore au XVIIe siècle des restes de constructions appartenant à la période romaine; mais rien ne prouve qu'il y ait jamais existé une communauté religieuse. L'abbaye d'Auberive fut fondée vers 11[illegible]0 par l'évêque Guilleuc, et elle regardait comme ses premiers bienfaiteurs les seigneurs de Sauly et de Grancey, nouvellement alliés par le mariage de Renaud de Grancey avec Évr[illegible] de Saulx. Plusieurs Grancey étaient enterrés à Auberive.

contrèrent dans la forêt d'Allofroy, au diocèse de Langres, et en vinrent de nouveau aux mains. Plusieurs chevaliers de la famille de Grancey ayant trouvé la mort dans cette sanglante bataille, on les enterra sur le lieu même qui faisait partie de leur domaine, et l'on y fit construire une vaste abbaye destinée à recevoir toutes les sépultures de la famille. Theulay, où les Grancey étaient inhumés depuis la destruction de l'église de Villey, se trouvait trop éloigné du fief principal. Mais bientôt on transféra l'abbaye d'Allofroy sur l'Aube et on l'appela alors Auberive. On voit encore à Allofroy des traces du premier monastère.

XXIII. Le seigneur de Saulx épousa la dame de Mont-Saint-Jean. Nous parlerons plus loin de ses fils. Il fonda une maison religieuse à Hortes. Il avait encore fondé sur le mont de Saulx, dans une maison de Templiers appelée *Curtis*, un prieuré des dames de Remiremont; mais sa famille produisit un tyran qui chassa les religieuses et remplaça le couvent par une forteresse. Il trouva, en creusant les fondations, un chaudron rempli d'or.

XXIV. Le seigneur de Thil-Châtel épousa la fille du duc de Bourgogne. Ses descendants ont contracté alliance avec les seigneurs de Châlons et de Beaujeu. De cette famille sortit un pape qui naquit à Marcilly, entre Is-sur-Thil et Thil-Châtel; c'est pourquoi cette terre a le privilége de ne pouvoir être mise en interdit. Les seigneurs de Thil ont fondé le prieuré Saint-Florent, l'hôpital de Thil et la léproserie d'Orville. S. Florent leur parent avait été payen et s'appelait avant sa conversion Philibert

XXIII. Une autre version porte *Ourtois* au lieu de *Hortes*. Nous l'avons rejetée parce que celle-ci est conforme à la tradition.

XXIV. Aucun pape n'a pris naissance à Marcilly, et il n'y avait pas plus de privilége pour cette terre que pour celle de Thil, dont les habitants se prétendaient dispensés du jeûne de la veille de S. Simon et S. Judes, parce que ce jour était celui de la fête de S. Florent, leur patron. C'était un abus que l'évêque Zamet a supprimé.

d'Alexandrie ou Fier-à-Bras. L'abbaye de Bèze et le prieuré Saint-Léger ont encore été fondés par des seigneurs de Thil. S. Léger était leur parent.

XXV. Le seigneur de Montsaujon épousa la fille du comte de Bourgogne. Il fonda le prieuré d'Aubigny, Sept-Fays, et l'hôpital de Sacquenay. Archer de Montsaujon fut un seigneur très cruel : un jour il retenait dans les fers un bonhomme, et il se préparait à lui arracher les dents ; le bonhomme invoqua mentalement le bienheureux Prudent de Bèze, et aussitôt ses chaînes se rompirent. Archer est mort misérablement. Cette famille s'unit à celles de Vignory, de Saint-Dizier et de Lafauche.

XXVI. Le seigneur de Coublanc épousa la fille du comte de Vandœuvres, et ses descendants prirent femmes dans les maisons de Bussy, de Selongey, de Vaucouleurs et de Verdun. Ils sont les fondateurs de Grosse-Sauve. Le seigneur de Clefmont épousa la fille du comte d'Alençon. Ses descendants s'unirent aux maisons de Lamarche, de Boulogne, de Chaudenay et de Vézines. Ils ont fondé l'abbaye de Lacrète et le prieuré de Clefmont.

XXV. On voyait dans la chapelle du prieuré d'Aubigny les tombeaux de plusieurs seigneurs de la famille de Montsaugeon.

XXVI. La maison hospitalière de Grosse-Sauve, construite sur une voie romaine, est d'origine beaucoup plus ancienne. Il n'y a jamais eu alliance entre les Clefmont et les d'Alençon. On trouve sur un exemplaire de la *Chronique*, *Lopet* au lieu de *Bussy*; *Soilleney* au lieu de *Selongey*; *Lezines* au lieu de *Vezines*; mais ces variantes sont sans importance, les alliances étant imaginaires.

LIVRE III.

LES HUIT FILLES DE GRANCEY.

XXVII. La première des huit filles de Grancey épousa le seigneur de Thil, et ses descendants s'unirent aux familles de Chappes, de Chanlay, de Rochefort et de Saffres. Ces seigneurs ont fondé un prieuré en l'honneur de S. Thibaut qui était de la famille royale et leur parent. La seconde fut vicomtesse de Dijon, et ses descendants, qui ont fondé l'abbaye Saint-Étienne, à Quétigny d'abord, puis à Dijon même, sont devenus parents, par alliance, des comtes de Boulogne, des vicomtes de Melun et des vidames de Châlons. La troisième fut dame de Fontaines, près

XXVII. Inutile de dire qu'aucune des dames de Grancey n'a été mère de huit filles; mais cette fécondité était indispensable dans le roman pour rattacher à la famille les principales maisons de Bourgogne et de Champagne. Il y a eu effectivement alliance par mariage entre les Grancey et les de Thil, et les légendaires font sortir S. Thibaut de cette dernière maison; ils le font encore parent des comtes de Champagne et des rois. En 1246, Éléonore de Grancey était femme de Guillaume II, de Champlitte, vicomte de Dijon; mais l'abbaye Saint Étienne n'a point été fondée par les vicomtes, et elle existait plus de six siècles avant Quétigny. Le vrai fondateur de Saint-Étienne est l'évêque S. Urbain. Il y a lieu de s'étonner que l'auteur de la *Roue de Fortune* oublie ce saint prélat que la légende fait naître à Colmier, dans le domaine même de Grancey, quand il va chercher au loin et jusqu'à l'étranger d'illustres parents pour ses héros. Sans doute, au commencement du XIVe siècle, la légende du Bienheureux Urbain n'était pas encore accréditée, ce qui doit nous la rendre suspecte. Lors de la naissance de S. Bernard, il n'y avait pas encore de lien de parenté entre les familles de Fontaines et de Grancey. La mère de l'apôtre du XIIe siècle était de la maison de Montbard; elle s'appelait Élisabeth ou Aleth et même Alix.

Talent, et ses descendants s'unirent aux seigneurs de Maulain, de Meuvy, de Rougemont et de Marigny.

XXVIII. Voici ce qui arriva à l'une des filles de la dame de Fontaines : Une nuit, pendant un sommeil profond, elle eut un songe ; il lui semblait qu'elle mettait au monde sept petits chiens blancs comme neige, ayant seulement deux taches noires, l'une à la tête, l'autre sur le dos. Tourmentée par cette vision qui se renouvela pendant plusieurs nuits, elle supplia le Christ, avec humilité, de lui en donner l'explication. Sa prière était à peine terminée qu'un ange lui apparut et lui dit : « Tu seras mère de sept fils qui, après avoir vécu saintement, quitteront le monde pour se faire moines blancs, et ils tiendront de Dieu la puissance de chasser les démons comme les chiens chassent les malfaiteurs par leurs aboiements. » En effet, sept nobles jeunes gens de cette famille, Bernard le premier, se firent moines à Citeaux et fondèrent plusieurs maisons de cet ordre. S. Bernard, fondateur et abbé de Clairvaux, honora d'un culte particulier la vierge Marie dont il reçut ses inspirations. Cette fille de la dame de Fontaines était sans doute une sainte femme, car il est écrit : « *Un bon arbre donnera de bons fruits.* »

XXIX. La quatrième fille du sire de Grancey fut dame de La-

XXVIII. Voici, d'après le P. Legrand, la généalogie de la famille à laquelle appartenait Bernard : Werric de Châtillon, seigneur de Laignes, eut trois fils, André, Godefroi et *Tescelin* dit *Sorus (presque roux)*. Celui-ci épousa Élisabeth de Montbard, dont il eut sept enfants : 1° Gui, marié à Ève de Grancey, d'où naquit Ste Asceline ; 2° Gérard ; 3° *Bernard* ; 4° André ; 5° Barthélemy ; 6° Nivard ; 7° et Humbeline, qui épousa Gui de Marey. Il est vrai que toute la famille entra en religion ; mais le roman fait de Godefroi un fils et non un frere de Tescelin, et c'est ainsi qu'il trouve le nombre sept.

XXIX. Ce récit est conforme à la légende et aux traditions locales. D'après l'histoire, la fondation de Cluny remonte à l'année 910 : Guillaume-le-Pieux, duc d'Aquitaine, instruit des vertus de Bernon, abbé de Gigny et de Beaume-les-Dames, lui donna tout le domaine sur lequel fut fondée la nouvelle abbaye, et qui comprenait quinze métairies. Guillaume l'avait eu des évêques de Mâcon par échange. Le château de Lourdon était au nord de Cluny.

chapelle, près Mâcon. Des mariages unirent ses descendants aux seigneurs de Montaigu, de Marnay-les-Besançon et de Sombernon. Un jour, un noble chevalier de cette maison chassait dans une vaste forêt; ayant rencontré des ermites qui servaient Dieu dans le désert, il s'arrêta près d'eux, assista au sacrifice de la messe, et il fut tellement touché de leur grande piété qu'il leur donna toute la forêt, les villages voisins et un magnifique château. Cependant la dame de Lachapelle attendait impatiemment son mari; sa longue absence l'inquiétait. Quand, au retour du chasseur, elle apprit ce qui s'était passé, elle approuva la donation; mais elle ne put retenir cette exclamation : « Ah! c'est un lourd don! » Et le château conserva le nom de *Lourdon (lordum donum)*. Plus tard, un comte de la même maison, nommé Guillaume-le-Pieux, donna tout son domaine aux religieux et y fit construire un couvent pour trois cent cinquante moines noirs. C'est l'abbaye de Cluny. Guillaume y est enterré. Toutes les fois qu'un membre de la famille Lachapelle meurt, son corps est porté jusqu'à la porte de l'abbaye; les moines, vêtus d'aubes et de chappes, comme pour la fête de la Nativité ou de la Résurrection, vont l'y recevoir et le déposent solennellement dans le tombeau de la famille.

XXX. La cinquième fille du sire de Grancey fut dame de Conflans, en Champagne, et elle se maria deux fois. Les descendants de son premier mari sont devenus par alliance parents des comtes de Saint-Pol, des seigneurs de Saint-Aubin et de ceux de Bosjean, outre Saône. Les Conflans ont fondé l'abbaye de Vertus. Leur maison a produit S. Memmie, évêque de Châlons, qui a fait de son vivant beaucoup de miracles, et un autre évêque de la même ville qui y a formé la communauté des cha-

XXX. La famille de Conflans était l'une des plus puissantes de la province au XIIIe siècle; mais bien certainement elle ne revendiquait pas la parenté du premier évêque de Châlons. (Voy. LXXXIV.)

noines réguliers, abbaye de Tous-les-Saints, en l'Ile. Il serait trop long de mentionner toutes les bonnes œuvres de cette famille ; nous n'en raconterons qu'une.

XXXI. Le seigneur de Conflans avait envoyé ses trois fils étudier à Châlons, et il leur avait donné pour maître un homme aussi recommandable par sa piété que par sa science. Près de l'école demeurait une pauvre veuve qui avait trois fils. Elle était lavandière de l'évêque. Ces enfants prirent l'habitude de porter les livres et toutes les provisions des trois écoliers qui ne manquaient jamais de leur donner les reliefs de leur repas, si bien que le maître, dont la charité égalait la piété, les prit aussi en affection et les admit gratuitement à ses leçons. Ils étaient remplis de zèle et firent de rapides progrès ; mais le bon maître mourut et l'école fut fermée. Alors, comme la veuve ne pouvait pas nourrir ses fils qui ne savaient aucun métier, elle leur dit : « Mes enfants, il faut abandonner l'étude et travailler de vos mains, » et ils pleurèrent, parce qu'ils avaient pris goût à la science, et leur pauvre mère, touchée de leurs regrets, pleurait avec eux ; mais elle n'y pouvait rien, car *besoigneux n'a pas de loy*.

XXXII. Mais le sire de Conflans n'avait pas oublié les pauvres écoliers, et il leur fit savoir qu'il les assisterait à Châlons. « Nul n'est prophète dans son pays, Monseigneur, lui répondirent-ils ; nous voulons voyager, chercher un autre maître ; nous souffrirons pour cela la pauvreté. » Le gentilhomme loua leur dessein et il leur donna à chacun dix livres parisis. Ils allèrent embras-

XXXI à XXXVI. Cet épisode des trois écoliers est l'histoire du pape Urbain IV enrichie de quelques faits de date récente. Ainsi, Michel et Pierre de Corbeille, clercs de pauvre extraction et maîtres du pape Innocent III, furent l'un après l'autre archevêques de Sens; on sait aussi que Henry, surnommé *Le Brun*, archevêque de Sens, eut deux frères, qui furent successivement évêques de Chartres.

ser leur mère et partirent. Quand ils furent loin de la ville, ils s'arrêtèrent pour la regarder une dernière fois et pleurèrent; puis ils se dirent : « Si nous donnions notre argent aux pauvres, au nom du Seigneur, il nous bénirait et il protégerait le chevalier notre bienfaiteur. » Ils continuaient donc leur route en faisant l'aumône, quand ayant bien réfléchi sur leur position, ils se dirent encore : « Un seul obtiendra facilement l'hospitalité, mais tous trois on nous repoussera peut-être, il faut nous séparer. » Ils s'embrassèrent plusieurs fois et se séparèrent.

XXXIII. Or, ils allaient demandant leur pain quotidien pour l'amour de Dieu, et, dans les grandes villes où ils s'arrêtaient toujours pour fréquenter les écoles, ils portaient l'eau bénite. Ils parcoururent ainsi beaucoup de contrées et firent si bien qu'ils devinrent, l'un Souverain-Pontife, l'autre archevêque de Sens, et le troisième évêque de Chartres; mais ils ne savaient rien l'un de l'autre, et pendant ce temps, leur mère était tombée dans une misère si grande qu'elle mendiait. Comme elle était infirme, on la portait chaque matin sous le portail de l'église Saint-Etienne, où elle tendait la main aux passants. L'évêque lui faisait beaucoup de bien, et, quand quelquefois il lui demandait si elle avait reçu des nouvelles de ses enfants, la pauvre mère lui répondait : « J'avais trois fils, mon bon seigneur, et ils étaient clercs; mais je crois qu'ils sont morts, car je n'en ai plus eu de nouvelles depuis qu'ils m'ont quittée. »

XXXIV. Cependant l'évêque de Châlons dut bientôt se préparer à recevoir le nouveau pape qui lui avait fait connaître son intention de visiter la ville épiscopale.—C était bien sa mère qu'il voulait revoir.—Le roi, les grands et tous les prélats du royaume se rendirent à Châlons pour fêter la bien-venue. La réception fut brillante; mais il arriva que, pendant le repas, la mendiante du parvis Saint-Étienne mourut. On s'empressa d'en porter la nouvelle à l'évêque. « Monseigneur, lui dit-on, votre mère est morte. — Que Dieu lui fasse miséricorde, » répondit-il, sans qu'aucune marque de douleur ou même d'émotion se trahît sur son visage. Le pape, qui était près de lui et qui avait tout entendu, ne put s'empêcher de manifester tout haut son étonnement : « Eh ! quoi, lui dit-il, mon fils, vous apprenez la mort de votre mère sans en éprouver aucun chagrin ? — Très saint père, répondit l'évêque, la femme qui est morte n'était pas ma mère selon la chair ; elle avait blanchi mon linge, et, depuis qu'elle était infirme ; elle se tenait à la porte de l'église où elle demandait l'aumône. J'avais ordonné à mes domestiques de lui faire chaque jour du bien et je l'appelais ma mère, selon la coutume, parce qu'elle était vieille et bonne. » Le pape était rempli d'inquiétude; il craignait d'avoir compris. « Mais, répliqua-t-il, n'avait-elle pas de fils ? — Trois, qui étaient clercs ; ils sont partis depuis bien longtemps, et elle n'en avait jamais eu de nouvelles ; sans doute ils sont morts. » Cette réponse brisa le cœur du pape, qui cessa de prendre part au festin et se détourna pour pleurer. L'archevêque de Sens et l'évêque de Chartres versaient aussi des larmes. L'évêque de Châlons voyant que le pape ne mangeait plus : « Saint père, lui dit-il, nous n'avons rien de bon ? » A quoi il répondit : « Mon âme est pleine de tristesse. »

XXXV. Le pape voulut présider lui-même aux funérailles, malgré les observations de l'évêque qui prétendait laisser aux chapelains le soin d'enterrer le corps de la mendiante. « Nous sommes tous égaux devant la mort, lui avait répondu Sa Sainteté, et sous le linceul, le cadavre d'un roi n'a pas plus de valeur que celui du dernier des sujets. » On s'empressa donc de faire décorer d'ornements précieux la maison de la pauvresse ; on y porta des vêtements tissus d'or et de soie, et le pape se rendit en grande pompe dans la chambre mortuaire. Quand il eut fait la recommandation de l'âme et que quatre chevaliers eurent chargé le corps sur leurs épaules pour le porter à l'église, il éclata en sanglots et s'écria : « Ma pauvre mère ! que Dieu, par sa toute puissante miséricorde, te fasse rémission de tes péchés. » Puis, se tournant vers les assistants : « Voilà, dit-il, celle qui m'a donné le jour, voilà ma mère ! » L'archevêque de Sens et l'évêque de Chartres répétèrent en même temps ce cri de douleur, et les trois frères confondirent leurs larmes dans un mutuel embrassement. Un murmure d'admiration parcourut la foule. Le pape alla faire la bénédiction du nouveau cimetière du Jard ; il y enterra sa mère et fit en son nom d'abondantes aumônes. Après la cérémonie il rentra à l'évêché et s'enquit de tous les bienfaiteurs de sa famille ; il attacha à son service les seigneurs de Conflans. « Hélas ! dit-il, que ne puis-je aussi récompenser notre bon maître ! Du moins mes prières ne lui manqueront pas. » De retour à Rome, il nomma cardinaux ses deux frères et le fils du sire de Conflans, car il est dit : *N'oublions pas nos bienfaiteurs.*

XXXVI. La cinquième fille de Grancey, devenue veuve de son premier mari, épousa le seigneur d'Arcis en Champagne. Elle en eut plusieurs enfants qui étudièrent à Troyes sous un maître célèbre, mais qui n'avait alors pour toute recommandation que son mérite et sa grande piété. C'était le fils d'un pauvre savetier de la ville. Il avait vécu d'aumônes pendant le cours de ses études ; on l'avait toujours vu nu-pieds et mal vêtu et on racontait de lui l'anecdote suivante : Un jour il avait demandé l'aumône à une dame qu'il croyait charitable et bonne, parce que Dieu l'avait fait riche; mais cette femme orgueilleuse et méchante l'avait apostrophé avec dûreté, et, se moquant de sa misère : « Tu es clerc, lui avait-elle dit avec dédain. » Et comme le pauvre garçon baissait les yeux sans répondre : « Oh ! on le voit bien à tes guenilles ; tiens, voilà un morceau de pain, mais à la condition que tu ne seras jamais pape. » Le clerc, relevant

, XXXVI. Voici encore un épisode emprunté à l'histoire si populaire alors du pape champenois Urbain IV,

fièrement la tête, avait rejeté le pain avec indignation. Cependant les jeunes écoliers eurent pour leur maître cette crainte respectueuse, cet amour filial que recommande Caton ; leur père le protégea — car les nobles s'honorent en honorant les précepteurs de leurs enfants. — Il lui fit avoir un bénéfice, et la réputation du fils du savetier fut bientôt telle qu'on l'éleva à la dignité que lui avait si ironiquement prédite la méchante femme. Élu Souverain-Pontife, il anoblit toute sa famille et fonda à Troyes une belle et vaste église desservie par des chanoines. — Les descendants du seigneur d'Arcis ont contracté alliance avec les familles d'Autigny et Deschenets.

XXXVII. La sixième fille de Grancey épousa le comte de *Blamont*. Ses descendants sont alliés avec les comtes de Genève, de Montbelliard et de Savoie. Cette famille a fait beaucoup d'œuvres de miséricorde. On raconte d'un chevalier de Blamont qu'étant entré par dévotion dans l'ordre de Citeaux, il ne put jamais rien apprendre. Un moine lui enseigna l'A, B, C, et ce fut tout : il ne parvint pas à lui faire retenir un mot du *Pater*. Cependant il essaya, sur l'ordre du supérieur, de lui apprendre la prière de la salutation de la Vierge ; mais le vieux novice ne put garder dans sa mémoire que les deux premiers mots : *Ave Maria*. « Eh bien ! dit alors l'abbé, ne vous mettez pas en peine de lui en apprendre davantage ; pendant que les autres religieux psalmodieront les heures, il se tiendra devant l'image de la Vierge et y récitera ce qu'il sait. » En effet, le pieux chevalier passa le reste de sa vie à répéter, aux heures prescrites, de jour et de nuit, *Ave Maria*, mais avec la plus fervente dévotion. Longtemps après sa mort, on retrouva son corps dans le cimetière de la communauté, en creusant une fosse nouvelle. Il était

XXXVII. Nulle part ailleurs il n'est fait mention de ce saint ignorant dont l'histoire est sans doute une tradition locale.

encore entier et exhalait une odeur du parfum le plus agréable. De sa bouche entr'ouverte sortait un lys d'une blancheur éblouissante qui portait écrit sur sa corolle : *Ave Maria*. Sous la tête on trouva cette épitaphe :

Ci-gît S. Guillaume.
Il a servi la Vierge d'un grand cœur.
Dieu a plus d'égard à l'intention qu'à l'effet.
La bonne volonté est réputée pour le fait.

Beaucoup de miracles eurent lieu au moment de sa translation.

XXXVIII. La septième fille de Grancey épousa le comte de Saarbruck, et ses descendants, qui ont tous brillé par leur piété, se sont mariés dans les familles des ducs d'Autriche, des comtes de Grandpré et de Soyers. Un comte de Saarbruck chevauchait un jour avec deux autres chevaliers. La chaleur, car c'était en plein été, les ayant forcés à mettre pied à terre dans un village, ils entrèrent dans l'église pour y assister à la sainte messe. Le comte suivit l'office jusqu'à la fin fort dévotement, et il entendit l'officiant prononcer les paroles : *In principio erat verbum ;* mais ses deux compagnons étaient déjà sortis de l'église. Nos voyageurs s'étaient à peine remis à cheval pour continuer leur route qu'un violent orage éclata sur leurs têtes ; le ciel était tout en feu, le tonnerre grondait avec force ; enfin un éclair brille, le bruit des armures retentit au loin et deux cavaliers tombent foudroyés. Le comte n'avait pas été atteint ; mais son cheval effrayé s'était jeté à travers champs et l'on vit un diable qui le poursuivait avec une masse d'armes et s'efforçait de le frapper. « Frappe ! frappe donc ! criait un autre diable qui se tenait en l'air ; qu'attends-tu ? — Mais je ne puis, répondit enfin le démon armé, il a entendu : *In principio erat verbum.* » Et il jeta son arme au loin. C'est ainsi que le comte échappa à la mort.

XXXVIII. Autre tradition qu'on ne retrouve plus que dans la *Roue de Fortune*

XXXIX. La huitième fille de Grancey épousa le comte de Bourlemont. Elle maria sa fille Élisabeth à Louis de Joinville qui eut quatre enfants : un fils, seigneur de Joinville, et trois filles, la comtesse d'Évreux, la comtesse de Boulogne et la duchesse de Normandie. Le comte et la comtesse de Bourlemont ont fondé l'abbaye de Mureau, ordre de Prémontré, et le prieuré Saint-Jacques-du-Mont, près de leur château ; ils avaient le patronage et la garde de ces deux maisons. Les Bourlemont tenaient alors en fief une partie de leurs domaines de l'église Saint-Mansuy de Toul à laquelle ils avaient rendu de grands services, notamment en repoussant les Infidèles qui s'étaient déjà emparés de Brissey et d'autres terres de l'évêché de Grèce.

XL. La duchesse de Normandie eut un fils qui plut au Seigneur par ses vertus. C'est S. Ouen, évêque de Rouen. Un jour d'été qu'il célébrait la messe, des coups de tonnerre épouvantables ébranlèrent l'église et jetèrent la terreur parmi les fidèles. L'évêque supplia le Seigneur de lui faire connaître les prières qu'il fallait dire pour éloigner le danger en pareille occasion, et un ange lui apporta une pancarte ainsi conçue :

Titulus triumphalis
J. N. R. J.
†
Ecce dominicæ crucis vivificum signum.
Fugite partes adversæ !
Vicet leo de tribu Juda radix David,
Alleluia !

XXXIX. Il y a eu alliance par mariage des Grancey avec les Bourlemont, mais jamais avec les Joinville. Les Bourlemont avaient fait des donations à l'abbaye de Mureau ; mais elle regardait comme fondateurs les comtes de Champagne. Brixey ou Brissey est entre Bourlemont et Toul ; il y avait dans ce village une église collégiale, la principale du doyenné de la rivière de Meuse, dont notre roman fait un évêché de Grèce.

XL. Cette histoire de S. Ouen, fils de la prétendue duchesse de Normandie, est une fable à laquelle quelque reliquaire en vénération dans le comté de Grancey aura donné naissance.

OREMUS : *Sempiterne Deus, parce metuentibus, propiciate supplicantibus, ut post tronitrua ignea nubium et procellarum in materiam tuæ laudis transeat conjuratio. Per Dominum, etc.*

XLI. S Thomas de Contorbéry était de la famille des comtes de Bourlemont. Non pas Thomas l'Indien, qui vivait longtemps auparavant, à l'époque de l'Incarnation du Christ. Notre saint naquit au mois de mars ; il fut élu évêque au mois de mars ; les Infidèles le chassèrent de son diocèse au mois de mars, et après avoir erré pendant plusieurs années sur terre et sur mer, il fut rappelé de l'exil au mois de mars. C'est encore au mois de mars qu'il fut tué par des fidèles égarés, sur les marches de l'autel, pendant la célébration de la messe. Son corps fut mis en terre, exhumé plus tard et exposé à la piété des Chrétiens au mois de mars ; enfin tous les évènements qui marquaient dans sa vie sont arrivés dans ce mois pendant lequel les Anglais, qui ont pour la mémoire de leur saint évêque la plus grande vénération, s'abstiennent de viande.

XLII. Au moment de sa mort, S. Thomas s'était jeté à genoux sur les marches de l'autel ; il avait prié le Seigneur de protéger sur mer ceux qui l'invoqueraient en son nom au milieu du danger, et sa prière avait été exaucée. En effet, un comte de Bourlemont, du nom de Guillaume, fut un jour surpris par la tempête sur les mers d'Angleterre ; voyant le vaisseau qui le portait près d'être brisé par les vagues, il invoqua S Thomas, et aussitôt le calme se rétablit sur les eaux. Ce Guillaume est enterré dans le prieuré Saint-Jacques-au-Mont, qui dépend de l'église S. Mansuy.

XLI. Thomas Becket est né à Londres d'une famille anglo-saxone ; mais ses malheurs avaient rendu son nom très populaire en France.

LIVRE IV.

LA FILLE CADETTE DU COMTE DE LANGRES ET SES DESCENDANTS.

XLIII. La seconde fille du comte de Langres fut dame de Châteauvillain, de Chaumont-en-Bassigny, de Nogent, de Choiseul et d'Aigremont. Elle épousa le comte de Champagne dont elle eut deux fils ; l'aîné fut comte de Champagne et contracta une alliance royale ; le second eut les cinq seigneuries et il épousa la fille du comte d'Artois dont il eut cinq fils : le premier fut seigneur de Châteauvillain, le second eut Chaumont, le troisième Nogent, le quatrième Choiseul et le cinquième Aigremont.

XLIV. Le seigneur de Châteauvillain épousa la fille du comte de Clermont en Auvergne. Hugues, abbé de Cluny, fut un de ses descendants. Hugues était un saint homme. Un jour qu'il cherchait les moyens d'agrandir l'abbaye où les moines étaient trop à l'étroit, un ange du Seigneur lui apporta deux cordes en lui disant que l'une marquait la longueur que devait avoir le

XLIII. La fille aînée d'Esturdes avait eu en partage toutes les seigneuries du domaine paternel qui dépendaient de la Bourgogne; la cadette a toutes celles de la Champagne et elle épouse le comte de cette province. Ici, comme dans le livre précédent, il n'y a rien d'historique dans les alliances des membres de la famille.

XLIV. Hugues, le célèbre abbé de Cluny, que tous les princes de l'Europe prirent pour arbitre dans leurs querelles, vivait dans la première moitié du XIe siècle; mais il n'a pu sortir de la maison de Châteauvillain, qui n'existait pas alors. Du reste, le récit de la chronique est conforme à la tradition.

nouveau bâtiment, et l'autre la largeur. Hugues fit aussitôt commencer les fondations, et comme les religieux étonnés lui objectaient que la communauté ne pourrait pas suffire à une aussi vaste entreprise : « Dieu y pourvoira, » leur répondit-il. En effet, la réputation de sainteté dont jouissait déjà Hugues fit faire de grandes donations en faveur de l'œuvre, et la belle basilique de Cluny fut achevée.

XLV. Hugues entreprit alors un long voyage dans les diverses parties du monde, pour faire la visite de tous les prieurés de l'ordre. Dans le royaume d'Aragon, on lui amena la fille du roi, Radegonde, qui était possédée, et il la guérit. Radegonde fit dans la suite, par reconnaissance, beaucoup d'œuvres de piété et de charité. Étant venue à Cluny, elle y mourut, et l'on déposa son corps dans une petite chapelle construite au milieu de la forêt, près de l'abbaye. Il s'est fait et il se fait encore beaucoup de miracles sur la tombe de la glorieuse vierge. A cette époque, le roi de France était atteint d'une grave maladie que ni les médecins, ni les physiciens n'avaient pu guérir ; il connaissait la guérison miraculeuse de la fille du roi d'Aragon, et il attendait avec foi l'arrivée de l'abbé de Cluny son parent. Hugues vint enfin dans le royaume ; on l'appela, et le prince fut guéri. Le saint homme fut bien traité à la cour, et on lui donna le prieuré de Saint-Martin-des-Champs, avec tous les bénéfices qui en dépendaient. Ce prieuré avait appartenu à de faux moines qui s'y conduisaient fort mal, et le roi avait été forcé de les en chasser. S. Hugues fit encore beaucoup de miracles ; mais il serait trop long de les raconter.

XLV. La réputation de sainteté de l'abbé Hugues permettait d'illustrer par des miracles la relation des voyages qu'il a pu faire pour la visite des couvents de son ordre. Une Radegonde était honorée comme sainte dans le diocèse de Langres, à Dijon, à Clairvaux et ailleurs encore.

XLVI. Il y avait dans la famille des seigneurs de Châteauvillain une dame appelée Monigarde. Elle était très pieuse, et un jour un ange lui annonça qu'elle aurait un fils qui serait religieux et que l'Église honorerait comme un saint. Heureuse de cette attente, Monigarde mit au monde un fils qu'elle appela Robert. L'enfant, en effet, ne s'écarta jamais de la voie du Seigneur, et lorsqu'il fut devenu homme, pour fuir jusqu'au spectacle des plaisirs mondains, il se retira dans la forêt de Coullan, près de Tonnerre.

XLVII. Un jour, deux jeunes seigneurs, parents de Robert, traversaient cette forêt. Enfants du même père et de la même mère, ils avaient été faits ensemble chevaliers et ils allaient rejoindre leurs compagnons d'armes. Or il arriva que le démon inspira à chacun d'eux le désir que son frère mourût dans les combats pour que celui qui resterait eût seul tout l'héritage. Et le démon les poussait : « Mais, pensa l'un d'eux, beaucoup vont à la guerre et en reviennent ; je veux tuer mon frère dans cette forêt ; personne ne me verra ; je dirai qu'il a été tué par l'ennemi. » Et en même temps il mettait la main à son épée ; mais tout-à-coup — sans doute le démon le quittait pour aller aiguillonner l'autre : — « Malheureux ! se dit-il, c'est ton frère ! Si quelqu'un l'attaquait, ne devrais-tu pas le défendre ? Nouveau Caïn, veux-tu tuer ton frère Abel ! » Puis le démon revenant à sa proie, le chevalier voulait frapper et ne voulait plus ; il tirait à demi son épée et la rentrait dans le fourreau. Et l'autre chevalier était tourmenté par les mêmes tentations. Enfin Dieu vint les délivrer du mauvais esprit : « O méchanceté des hommes !

XLVI à XLIX. S. Robert est né en 1018. Il était fils de Monigarde, de la famille des comtes de Tonnerre, et c'est à tort qu'on le fait sortir de la famille de Châteauvillain. Le roman est du reste la traduction de la légende ; seulement, dans l'histoire des deux jeunes seigneurs, l'auteur embellit son récit de détails nouveaux.

s'écrièrent-ils tous deux. » Ils s'avouèrent leurs fratricides desseins et s'embrassèrent.

XLVIII. Alors les deux jeunes seigneurs allèrent trouver l'ermite leur parent, et se jetant à ses pieds, ils se confessèrent à lui avec un cœur plein de contrition. Robert leur donna l'absolution. « Nous resterons avec vous dans le désert, lui dirent-ils, car nous ne voulons plus être que les soldats du Christ. » Et comme le saint homme leur objectait qu'ils étaient accoutumés aux plaisirs du monde et qu'ils auraient beaucoup de peine à s'en priver : « Non, lui répondirent-ils, ces privations ne seront rien ; le Christ a bien souffert la mort pour les hommes. » Robert les bénit au nom du Seigneur. Ils demeurèrent dans le désert, et plusieurs jeunes gens de noble origine vinrent les y rejoindre.

XLIX. Cependant les ermites, qui avaient construit une chapelle à Coullan, durent chercher un lieu plus convenable. Ils choisirent une montagne éloignée des villes, et, à l'aide des aumônes des fidèles, ils y construisirent l'abbaye de Molême dont Robert fut élu abbé. Mais bientôt le désordre se mit dans la communauté ; plusieurs des nouveaux convertis, préférant les habits mondains à la grossière robe de bure, la vie molle et voluptueuse des châteaux à la sévérité de la discipline monastique, refusaient obéissance. Robert, voyant tous ses efforts inutiles, et qu'il n'avait plus aucun empire sur ces esprits égarés, manifesta l'intention de quitter l'ermitage : « Père, lui disaient en pleurant les religieux qui étaient restés dans la bonne voie, pourquoi nous quitter ainsi, pourquoi abandonner le troupeau quand il est la proie des loups ? » Il partit la tristesse dans l'âme.

XLIX. L'abbaye de Molême fut fondée en 1075, et c'est quelques années plus tard que Robert, mécontent des religieux, s'en sépara.

L. S. Robert se retira, avec quelques bons religieux qui ne voulurent pas se séparer de lui, dans une vaste forêt près de Gilly. Un jour qu'il parcourait le désert, un bâton à la main, cherchant avec ses compagnons le lieu où ils pourraient le plus convenablement établir leur nouvelle communauté, un ange vint frapper sur le bâton de l'abbé en disant : « C'est ici qu'il faut bâtir, et le couvent s'appellera Citeaux » On se mit aussitôt à l'œuvre et la colonie fut bientôt organisée. Cependant les moines de Molême avaient continué de vivre dans le plus honteux désordre; et quand la communauté fut ruinée, ils se dispersèrent. C'est alors que le pape ordonna à Robert de retourner dans ce lieu maudit. Le saint homme reprit possession de l'abbaye, et les pieuses libéralités des seigneurs de Larrey lui permirent d'y former bientôt un nouveau troupeau de bons religieux qui reçurent son dernier soupir. Des aveugles, des sourds, des boîteux ont été guéris par l'intercession de S. Robert.

LI. Les seigneurs de Chaumont n'ont jamais fait aucun bien; ils n'ont su que dépouiller l'Église. L'un de ces seigneurs eut deux fils. L'aîné était bien fait. L'autre aussi avait été beau; mais un accident l'avait rendu bossu, laid à voir. Or, celui qui était bien fait se moquait du bossu, disant qu'il n'était pas son frère Celui-ci pleura d'abord, puis il alla se plaindre au roi et lui proposa sa part d'héritage en échange d'une pension suffisante En effet, le roi ayant pitié du pauvre bossu, lui assigna une retraite délectable; il lui donna des écuyers, des chevaliers, des varlets de toutes sortes; mais quand il envoya des sergents

L. Robert s'était retiré à Viviers-sur-Artaud, près de Bar-sur-Seine. Il fonda l'abbaye de Citeaux en 1098, puis rentra bientôt à Molême où il mourut en 1110. On voit que cette partie du roman est conforme aux chroniques de Molême.

LI. C'est d'après une tradition vague, mais constante, que l'auteur raconte cette histoire du bossu. Le domaine de Chaumont a été réuni à la couronne par suite du mariage de la fille du comte de Champagne avec le roi. Ce comte avait dépossédé les anciens seigneurs dans les premières années du XIIe siècle.

à Chaumont pour prendre possession de la part d'héritage qui lui avait été abandonnée, le frère aîné s'en déclara le maître, faisant preuve de titres bien scellés qui privaient le cadet du droit d'aliéner l'héritage paternel. Le bossu, désespéré, quitta le pays et on ne l'y revit plus.

LII. Les seigneurs de Nogent ont fondé le prieuré de Saint-Germain de Nogent, dépendant de Saint-Bénigne de Dijon, et l'abbaye de Poulangy ; mais, dans la suite, il y eut parmi eux des méchants qui dévastèrent Poulangy et en profanèrent les reliques, après avoir fait, sans raison, toutes sortes de vexations et de maux aux bonnes religieuses. Le roi s'etant emparé de leurs domaines, ils furent réduits à la misère. Les seigneurs de Choiseul ont fondé le prieuré de Choiseul en l'honneur du Bienheureux Robert leur parent, et plusieurs autres maisons religieuses. Ceux d'Aigremont ont fondé Morimond, de concert avec les ducs de Choiseul ; car ces deux maisons étaient toujours d'accord pour le bien, comme celles de Chaumont et de Nogent l'étaient pour le mal.

LIII. Un seigneur de la maison de Choiseul, le duc Gengoul, servait dans l'armée de Pépin, fils de Charlemagne. Après la guerre, il vint s'établir à Varennes, dans ses terres, et il acheta

LII. Nogent fut réuni de la même manière et non par confiscation. C'est à tort que l'on attribue la fondation de Poulangy aux seigneurs de ce fief et qu'on les accuse d'avoir dans la suite tourmenté les religieux par des vexations continuelles. On remarquera qu'il y a animosité de l'auteur contre les sires de Nogent et de Chaumont ; rien pourtant dans l'histoire ne la justifie, si ce n'est que ces seigneurs ont défendu leurs droits contre les envahissements du comte de Champagne, ligué avec l'évêque. Les sires de Choiseul et ceux d'Aigremont sont beaucoup mieux traités ; c'est qu'ils étaient encore de puissants seigneurs à l'époque où la *Roue de Fortune* a été écrite.

LIII. S. Gengoul était duc ou comte bénéficiaire des marches du Bassigny au VIIIe siècle. Ses infortunes conjugales, sa pieuse résignation, sa mort tragique, — car la comtesse adultère ne se repentit pas, comme le dit notre roman, mais fit, au contraire, assassiner son mari par son amant — lui valurent la palme du martyre.

assez loin de là, en Champagne, une belle fontaine. Il la paya cent sols. Un jour qu'il se promenait dans son verger où il n'y avait pas d'eau, il ficha son bâton en terre, et lorsqu'il l'en retira il jaillit du trou une source abondante ; mais ce qu'il y a de réellement miraculeux, c'est que, dans le même moment, la source qu'il avait en Champagne cessait de couler. Il décora magnifiquement cette nouvelle fontaine, qui devint le plus bel ornement de son château. Gengoul était marié ; mais sa femme avait depuis longtemps des liaisons coupables avec un clerc. Le saint homme, instruit de ce dérèglement, n'en fit aucun reproche au clerc qui n'avait fait que céder à la séduction ; mais il se plaignit à sa femme. Elle nia tout. « Eh bien ! lui dit Gengoul, prends dans la main une lame de fer rougie au feu : si le clerc n'a pas habité avec toi, que ta main reste saine ; si, au contraire, il a été ton amant, qu'elle soit brûlée. » Le repentir toucha le cœur de la duchesse ; elle s'empressa d'aller avouer sa faute au tribunal de la Pénitence, puis elle subit l'épreuve, et sa main resta saine, parce que la confession purifie l'âme. Mais bientôt elle retomba dans le désordre. Un jour que Gengoul se promenait avec elle près de la fontaine, il lui demanda une seconde épreuve : « Mets, lui dit-il, le doigt dans ce bassin, que ce doigt soit brûlé si tu as péché, et qu'il reste sain si tu n'es pas coupable. — J'y mettrai non-seulement le doigt, répondit la duchesse avec arrogance, mais le bras jusqu'au coude. » Et elle l'y plongea ; mais elle l'en retira brûlé. Alors elle s'avoua coupable, et tombant aux genoux de son mari, elle lui demanda pardon en pleurant. « Que Dieu te pardonne ! » lui répondit Gengoul en levant les yeux vers le

La légende de ce saint a toujours été très populaire. Gengoul, ou *Gengon*, comme on dit vulgairement, n'était pas de la famille des Choiseul ; seulement cette maison possédait la plupart des fiefs dont avait été composé le bénéfice du célèbre comte. Le récit est conforme à la légende ; seulement, notre auteur ajoute un second miracle de la fontaine qui se serait manifesté près de Cluny, dans le lieu où a été bâtie la petite ville qui a pris le nom du saint homme.

Ciel, et il pria. Aussisôt les traces de l'épreuve disparurent du bras de la pécheresse, dont le repentir avait cette fois été sincère et qui ne pécha plus. Le Seigneur a dit : « Je ne veux pas la mort du pécheur, mais sa conversion. » Et encore : « Le repentir d'un seul pécheur remplit de joie les anges du Paradis. » S. Gengoul fit beaucoup de miracles pendant sa vie, et il est honoré d'un culte particulier très fervent dans beaucoup de provinces, mais surtout en Lorraine. Les goutteux et les paralytyques qui l'invoquent obtiennent guérison.

LIV. Les ducs de Choiseul, descendants de S. Gengoul et possesseurs des terres qu'il avait achetées des Vandales, se sont montrés de tous temps héritiers reconnaissants en même temps que zélés pour le bien de l'Église : ils ont fondé dans le château de S. Gengoul un prieuré de l'ordre de Cluny, à Langres un autre prieuré de S. Gengoul, dépendant de Bèze, et un troisième à Varennes, de la filiation de Molême. Ils ont encore fait construire une église à Toul en l'honneur de leurs parents. — S. Gengoul est enterré à Varennes ; mais les Choiseul savent seuls où son corps a été déposé.

LIV. Ces trois prieurés étaient du XIe siècle ; mais celui de Varennes, seul, avait eu les Choiseul pour fondateurs. C'est à tort aussi qu'on attribue à cette famille la fondation d'une église à Toul.

LIVRE V.

PIERRE MAUREGARD ET SES DESCENDANTS.

LV. Pierre, vicomte d'Orléans, était loin, comme nous l'avons dit, d'imiter la conduite de son frère S. Loup. Il avait engagé toutes ses terres par hypothèques et vendu même quelques-unes. Il ne se plaisait que dans le mal et n'écoutait aucun conseil, pas même ceux du pape, qui souvent l'engagea paternellement à changer de vie. On l'avait surnommé *Mauregard*. Ennemi du clergé, il pendait aux arbres des chemins les prêtres qui osaient lui reprocher sa conduite, et il les frappait à grands coups de lanière ; il rançonnait les clercs, les moines, et allait même jusqu'à leur arracher les dents, les unes après les autres, lorsqu'ils ne voulaient pas lui donner d'argent. Enfin c'était le seigneur le plus cruel qu'on pût imaginer, et s'il méprisait les foudres de l'Église, il ne faisait pas plus de cas de l'autorité du roi.

LV à LIX. Pierre *Mauregard* n'est point un personnage d'invention : il était de la maison de Montsaugeon et seigneur de Mirebeau. Il vivait dans la seconde moitié du XIIe siècle. Pierre avait des terres et des droits féodaux dans le pays de la Montagne, et nous avons vu de lui plusieurs actes par lesquels il cède, pour avoir de l'argent, ses terres ou ses droits aux gens d'église. En 1194, par exemple, il demande cent sols, monnaie de Langres, à l'abbé d'Aubcrive, en échange du droit de pâture de Santenoges. Ainsi sa détresse était grande, comme le dit notre chronique. L'archidiacre Gérard, que le roman fait fils de Mauregard, vivait en 1170 et portait le nom de Montsaugeon. Du reste, c'est bien de la ruine de la maison de Montsaugeon qu'il s'agit ici, car c'est précisément à la fin du XIIe siècle et au commencement du XIIIe que l'évêque de Langres achète les diverses parties du comté.

LVI. C'était par respect pous les ancêtres de ce tyran et par considération pour les dames de Grancey, de Bourlemont et de Blamont, ses filles, qu'on n'en faisait pas justice; mais quand on vit que la mansuétude le rendait pire encore et que son audace croissait dans l'impunité, on résolut enfin de recourir aux dernières rigueurs. Le pape excommunia Mauregard et le roi ordonna la destruction du château de Hautgué dont il avait fait son repaire On accorda même cent jours d'indulgence à tous ceux qui prêteraient la main à l'exécution de cet arrêt. Alors Pierre changea de conduite, et, pour prévenir le coup qui le menaçait, il s'empressa d'aller à Rome implorer son pardon. Et comme il fit preuve de repentir, le pape lui accorda l'absolution, mais en lui prescrivant de restituer tout ce qu'il avait volé, car l'absolution n'est valable qu'à cette condition, et il lui ordonna encore de faire un voyage en Terre-Sainte.

LVII. Mauregard obéit. Il répara autant que possible les maux qu'il avait faits, puis il s'embarqua. A peine eut-il tiré l'épée contre les Infidèles qu'il fut fait prisonnier par le soudan de Babylone, et, pendant sept ans, on l'employa aux plus rudes travaux : le vicomte tirait la charrue comme une bête de somme; il mangeait du pain d'orge; la nuit venue, on le chargeait de chaînes et on le jetait dans un cachot noir et infect. « J'ai bien mérité toutes ces souffrances, disait-il souvent, car j'ai fait beaucoup de mal. » Le repentir avait réellement touché son cœur. Enfin Dieu trouva l'expiation suffisante, et la Vierge Marie elle-même brisa les fers du prisonnier. Pierre s'empressa d'aller dans l'abbaye du Val-de-Josaphat, où reposait le corps de la Mère du Christ, qui fut enlevé au Ciel par des anges. Il y pria avec effusion. C'est là qu'il mourut ; et comme les religieux connaissaient son illustre origine, ils l'enterrèrent honorablement dans l'abbaye même.

LVIII. Mauregard laissait neuf enfants. Nous avons déjà nommé ses trois filles, les dames de Grancey, de Bourlemont et de Blamont ; cinq de ses fils étaient seigneurs de Mailly, de Monney, de Châtillon, de Rochefort et de Meung ; le sixième, Gérard, était grand archidiacre de Langres. Il les visita souvent après sa mort, excepté cependant le sire de Meung, qui, à cause de sa mauvaise conduite, avait déjà plusieurs fois été frappé d'excommunication. « J'ai détruit, leur disait-il, une abbaye de moines blancs qui avait été fondée dans la forêt voisine de Hautgué en l'honneur de la Mère du Sauveur, et comme Marie a bien voulu me délivrer des misères de la terre et des peines du Purgatoire, veuillez, par amour pour moi, lui relever son temple. » Un jour, les cinq frères se réunirent spontanément dans l'église Saint-Mammès de Langres ; ils se communiquèrent leur vision, et, d'un commun accord : « Accédons, dirent-ils, à la demande de notre père ; mais avant de rien entreprendre, allons à Morimond ; là sont de pieux religieux qui nous donneront d'excellents conseils. »

LIX. Ils avaient à peine pris cette résolution que, par inspiration divine, l'abbé de Morimond entrait dans la basilique. Ils allèrent à sa rencontre et lui exposèrent le résultat de leurs conférences : « Dieu soit loué ! » répond t le saint homme, et ils partirent tous ensemble pour Morimond. Quelques jours après, une colonie de treize religieux partait de cette abbaye pour aller reconstituer la communauté de la forêt de Hautgué. Pendant tout le temps que durèrent les travaux pour la construction du couvent, qui fut en grande partie bâti avec les pierres provenant du château, les religieux habitèrent une chaumière voisine, la

LIX. Cette histoire de la fondation de Theuley peut être tirée de quelque tradition locale; mais la vérité est que l'abbaye fut fondée en 113[illegible], sous l'épiscopat de Guillenc, et que les Vergy en furent les bienfaiteurs. Il est vrai que les Vergy succédèrent aux Mauregard à Mirebeau.

cloche conventuelle étant suspendue au haut d'un vieux chêne de la forêt. Quand le bâtiment fut terminé, ils en prirent possession au nom du Seigneur, ainsi que de la forêt et de beaucoup de terres dont la famille Mauregard leur avait fait donation. La nouvelle abbaye prit le nom de Theuley. Les cinq frères furent enterrés sous le portail de l'église, où ils étaient représentés debout et tenant le marteau à la main, comme fondateurs.

LX. Ainsi, tous les enfants de Pierre Mauregard, à l'exception du sire de Meung, brillèrent par leurs vertus. La dame de Grancey excitait l'admiration par sa rare bonté et on l'appelait Adeline, ou vulgairement *la Essauloye*, parce que la richesse et les honneurs lui croissaient chaque jour. La comtesse de Bourlemont fit réparer le vieux château de Bourlemont ; elle voulait aussi rétablir l'église de Tous-les-Saints et la chapelle Saint-Vincent ; mais elle en fut empêchée par la mort. Longtemps après, les princes de Bourlemont fondèrent en Lorraine une nouvelle forteresse qu'on appela Neuf-Château et qu'ils donnèrent à une fille de leur maison, femme du duc de Lorraine. Une autre fille de Bourlemont épousa le comte de Bar-le-Duc et eut le château de Varennes avec toutes ses dépendances.

LXI. Le fameux sire de Meung, fils de Pierre Mauregard, s'appelait Guillaume, et il avait succédé à son père dans la vicomté d'Orléans. Sa femme, parente d'un roi d'Allemagne, était

LX. *Essauloye*, vieux mot dont un traducteur a pris soin de donner l'explication que nous reproduisons. Les Bourlemont n'ont jamais été princes, et l'on ne sait même à quel titre ils étaient comtes. Tout ce qui a rapport à Neuchâteau, à Bar et à Varennes, est de la fable.

LXI. Vignier pense que l'introduction de ce fameux sire de Meung dans le roman est une malice de l'auteur à l'adresse de Jean de Meung qui vivait alors et qui s'était fait beaucoup d'ennemis en écrivant librement, dans son *Roman de la Rose*, contre les femmes et contre les prêtres. Vesvres-sous-Chalancey est dans la Haute-Marne, et il y a eu anciennement dans ce village un château dépendant du Montsaugeonnais.

digne d'une telle alliance. Ils n'eurent jamais de repentir, et tandis que toute la famille prospérait dans le bien, ils furent bientôt réduits par leur inconduite à vendre leurs domaines et à venir habiter le pauvre village de Vesvres, près de Chalancey. Comme Guillaume, qui avait été fort riche, était devenu pauvre par sa faute, on l'appelait *Briche* et encore *le Fou*. Il eut une fille, Marguerite, qui fut abbesse de Remiremont, et trois fils : Hémon dit le Fou, Jean et Hémonnet dit Briche.

LXII. Il y eut dans cette famille des fous de Vesvres un seigneur très cruel qui faisait endurer à ses gens toutes sortes de mauvais traitements. Ayant un jour besoin d'argent, il ordonna à son maieur de saisir tous les biens, meubles et immeubles, d'un bonhomme qui, cependant, n'avait fait aucun mal, et de les vendre au profit du seigneur. Le maieur obéit avec grande répugnance ; mais il pria son maître de venir prendre lui-même cet argent mal acquis. En effet, le fou de Vesvres partit avec un écuyer qui était de Marrey en Bassigny, et mit tout l'argent dans un sac qu'il chargea derrière lui sur son cheval. Pour retourner, ils devaient traverser une forêt par un chemin très étroit et embarrassé de branches d'arbres. Occupés à se frayer le chemin, ils oublièrent le sac qui tomba dans la boue sans qu'ils s'en aperçussent. Or le bonhomme qu'on avait dépouillé se trouvait alors dans cette forêt qu'on appelait *la Cour-de-Dieu*, où il était occupé, avec ses fils, à ramasser du charbon. Dieu voulut qu'il trouvât ce sac d'argent : il s'empressa de le charger sur son âne et revint tout joyeux au village d'où il partit aussitôt pour Paris. Il était plus riche qu'il n'aurait jamais osé l'espérer.

LXII et LXIII. Sans aucun doute le roman reproduit ici une tradition populaire.

LXIII. Quand nos cavaliers furent hors de la forêt, le chevalier songea à son trésor : « Vois, dit-il à son écuyer, si le sac est à sa place. » Ne le trouvant plus, ils retournèrent en toute hâte sur leurs pas et cherchèrent de tous côtés : peines inutiles! « Tu m'as volé, misérable! s'écria alors le chevalier en menaçant son écuyer ; rends-moi mon argent, où je te coupe le pied. » Le pauvre homme, qui connaissait la méchanceté de son maître, tremblait de tous ses membres ; il se jeta aux genoux de son seigneur, lui jura qu'il ne savait pas ce qu'était devenu le sac, prenant Dieu à témoin de son innocence ; mais le chevalier, insensible à ses larmes et sourd à ses prières, à ses protestations, le prit à la gorge, et l'ayant terrassé, il lui coupa le pied avec son épée sur le tronc d'un arbre. Dans ce moment vint à passer un ermite qui habitait la forêt ; en présence de cet acte de barbarie, il s'agenouilla et pria : « Jésus, dit-il, toi qui vois tout, comment as-tu pu souffrir la mutilation de cet homme? » Et un ange lui apparut qui lui dit : « Ne t'inquiète pas davantage des secrets de Dieu : c'est un abîme. Cet écuyer n'est pas coupable du vol dont on l'accuse, mais de ce pied qu'on vient de lui couper il a, dans sa jeunesse, frappé sa mère. Quant à l'argent, il a été trouvé par le bonhomme qu'on en avait si injustement dépouillé. » Les diables se sont emparés du cruel chevalier et l'ont précipité dans la demeure des damnés.

LXIV. Jean, fils de Guillaume, fut affligé des désordres de son père et honteux de la conduite de sa mère qui était très débauchée, comme toutes les femmes de la famille à laquelle elle

LXIV et LXV. Si l'existence de l'archidiacre Gérard nous est prouvée, il n'en est pas de même de celle de son neveu Jean de Vesvres. Toutefois, ce prétendu évêque des Grecs a bien pu être doyen de la collégiale de Brissey dont le roman a fait, comme nous l'avons vu, un évêché de la Grèce. L'auteur attribue son livre à ces deux personnages pour trouver l'occasion de donner une haute leçon de morale et pour qu'il soit bien établi qu'il aime avant tout la vérité.

appartenait. Cette famille, selon la commune opinion, descendait d'un empereur romain qui, ayant eu deux filles, avait marié l'une au duc Gengoul et l'autre au comte de Bourges. La duchesse avait péché pendant quelque temps à l'instigation du diable, mais elle avait fait pénitence, tandis que la comtesse sa sœur avait publiquement persisté dans le mal. Toutes les femmes issues de Gengoul avaient été sages et fidèles à leurs maris; celles, au contraire, qui étaient de la lignée de l'impudique comtesse, comme la femme de Guillaume, avaient été dissolues et adultères. Jean, craignant donc de recueillir l'héritage honteux de sa mère, s'il restait dans la vie séculière, se fit clerc, et il étudia avec tant de zèle qu'il devint évêque des Grecs et chancelier de leur royaume.

LXV. Jean de Vesvres, évêque des Grecs, et Girard de Hautgué, son oncle, grand archidiacre de Langres et chancelier de France, sont les auteurs de cette chronique. Ils ont écrit avec impartialité; admirateurs des gens de bien, sévères envers les méchants, ils n'ont épargné ni père, ni mère, ni frère, ni sœur, ni parent, ni ami, imitant en cela Romulus qui, pour laisser à la postérité l'exemple d'une justice égale pour tous, parents ou étrangers, riches ou pauvres, nobles ou roturiers, fit mettre à mort son propre frère, coupable de désobéissance aux lois.

LIVRE VI.

LE PURGATOIRE DE SAINT PATRICK. *

LXVI. S. Patrick d'Irlande était encore sorti de la famille de Bourlemont. Un jour qu'entouré de ses parents de France il prêchait pour la conversion des insulaires, il en vint à faire avec chaleur la peinture des tourments, des supplices que les coupables endurent dans les Enfers et au Purgatoire. Il croyait ébranler les cœurs par la terreur ; mais les incrédules se moquèrent de son discours : « Nous ne croirons à ces châtiments, lui criait-on de toutes parts, que si tu nous les fais voir de nos propres yeux. » Patrick remit l'assemblée à un autre jour et promit satisfaction. Dans l'intervalle, il jeûna, il distribua beaucoup d'aumônes, et il pria le Seigneur de vouloir bien lui venir en aide. Dieu lui envoya un ange qui, après lui avoir remis un superbe évangéliaire et un bâton de pasteur, lui montra en terre une ouverture prati-

* Voici le livre le plus curieux de notre chronique. Rien n'est plus connu en Irlande que le Purgatoire de S. Patrick : c'est une caverne dans un monastère d'Ultoine, où sont représentés les supplices des damnés. On la montre encore aux curieux, et la légende est racontée telle qu'elle est reproduite ici. Au moyen-âge, cette légende était très populaire. La plupart des poètes et des romanciers de cette époque l'ont reproduite par imitation de la descente aux Enfers du VIe livre de l'*Énéide*. Pour se conformer à cet usage, l'auteur de la *Roue de Fortune* n'hésite pas à faire de S. Patrick, qui est né en Écosse en 372, un parent des Bourlemont, et, sans s'inquiéter des dates, il fait assister les principaux barons de l'évêché de Langres à l'ouverture du Purgatoire. A l'époque où notre pauvre moine écrivait sa rapsodie, une admiration universelle accueillait l'*Enfer* du Dante.

quée comme pour l'extraction d'une mine. Au jour fixé pour la nouvelle réunion, la foule était immense. Thomas ordonna le jeûne, la prière ; il célébra la messe ; puis, conduisant le peuple près de l'ouverture que l'ange lui avait montrée : « Voilà, dit-il, l'entrée du Purgatoire ; que celui qui veut voir y descende, et il rendra témoignage ; mais, avant de tenter l'épreuve, qu'il prenne bien garde d'être absous et repentant de ses péchés et de pouvoir faire avec foi le signe de la croix, car autrement il ne reviendrait plus ; le diable le précipiterait dans les Enfers. »

LXVII. Nul ne se présenta, si ce n'est un courageux chevalier, le comte Jean de Bourlemont, parent du saint évêque : « Vénérable et très saint père, dit-il, permets que j'affronte le premier les démons ; je ne les crains pas ; soldat du Christ, j'ai combattu pendant vingt ans au-delà des mers contre les Infidèles ; j'avais à mes côtés ma femme Élisabeth, et pendant ce dangereux voyage, elle a mis au monde mon fils Pierre, qui a déjà combattu lui-même courageusement pour la Foi. » Ayant ainsi parlé, il entra dans le gouffre et disparut. Le peuple s'était agenouillé et priait. Pendant une heure, le comte suivit une étroite galerie privée de lumière, puis il arriva dans un vaste cloître où il se trouva seul. Il cherchait des yeux une issue, quand il entendit tout-à-coup au-dessus de sa tête un bruit épouvantable : les diables riaient, hurlaient, sifflaient ; mais le pieux chevalier fit le signe de la croix, et le concert infernal cessa. Cependant l'un des démons vint à lui : « Que veux-tu ? lui dit-il ; où vas-tu ? — Je viens visiter vos sombres demeures. » Un rire menaçant ébranla les voûtes du cloître : « Fuis, retourne sur la terre, cria le même diable, ou apprête-toi à souffrir. — Vos menaces ne m'épouvanteront pas, répondit le comte ; j'ai mission d'un saint homme, et j'avancerai. » Alors l'infernale cohorte se jeta sur lui. On lui arracha son chaperon, on le tira deçà delà, on le tourmenta ; mais le comte fit de nouveau le signe de la croix ; les diables se dispersèrent, et il sortit.

LXVIII. Alors le hardi chevalier vit une plaine immense, telle que la vue de l'homme ne pouvait en atteindre les limites ; il entendit des plaintes, des gémissements, des cris de douleur ; il était en présence des pécheurs. Les uns étaient jetés dans des fosses profondes et remplies d'une boue infecte, d'autres étaient pendus aux branches des arbres ; plus loin, des malheureux hurlaient dans des chaudières remplies d'huile bouillante et de plomb fondu ; d'autres s'accrochaient à des bourses remplies d'or ; là étaient groupées des femmes aux cheveux entrelacés de hideux serpents ; d'autres avaient des crapauds à leurs seins vides et desséchés. Il aperçut dans l'ombre un chevalier d'Aigremont, son cousin, qui avait été son compagnon d'armes, puis le seigneur de Meung et le tyran de Vesvres ; il se hâta de traverser la plaine.

LXIX. Un nouveau danger attendait Bourlemont à la sortie du champ des pécheurs ; il fallait traverser un fleuve large et rapide, sur lequel était jeté un seul pont vacillant et tellement étroit que l'homme pouvait à peine y poser le pied : c'était la voie des ombres. Le comte, cependant, tenta le passage ; les diables, furieux, cherchèrent à l'effrayer par leurs cris, le poussèrent, le heurtèrent, ébranlèrent le pont : rien ne lui fit lâcher pied ; il s'était recommandé à Dieu, à la Vierge Marie et à tous les Saints du Paradis, et un signe de croix le débarrassa bientôt des démons. Mais un specatcle plus terrible encore était à l'autre rive du fleuve : c'était un gouffre immense d'où s'échappait une épaisse fumée, mêlée de flammes et quelquefois d'exhalaisons putrides, qui corrompaient l'air au loin ; de temps à autre le noir tourbillon apportait des profondeurs de l'abîme des sons étranges, comme ceux d'os qu'on broie, des gémissements, des cris confus, des rires même et des chants, mais de ces rires et de ces chants qui brisent l'âme : c'était le séjour des damnés, c'était l'Enfer. Horreur!!! Le comte se voila la tête et passa.

LXX. Il se trouva bientôt devant un magnifique portique tout resplendissant de lumières. Il heurta à la porte, elle s'ouvrit, et l'air se trouva aussitôt embaumé de délicieux parfums. Il vit accourir des groupes nombreux, des rois, des ducs, des comtes, des châtelains, des chevaliers, des écuyers, des dames, des enfants; grands et petits, réunis sans distinction d'âge, ni de rang. « Bienvenu soit celui qui vient parmi nous, » disaient-ils; mais le comte de Bourlemont avait l'âme encore trop agitée pour prendre part à leur joie; il interrogea ses nouveaux hôtes. « J'ai vu, dit-il, des malheureux jetés dans des fosses infectes; qu'ont-ils fait? » et on lui répondit : « Ce sont les luxurieux. — Et ceux qui sont pendus aux branches des arbres? — Ce sont les larrons, les voleurs. — D'autres sont plongés dans l'huile bouillante et le plomb fondu; pourquoi? — Ce sont les faussaires, et vous avez vu les usuriers pendus à leurs bourses. — Mais ces femmes qui ont des serpents à leurs cheveux, des crapauds à leurs seins? — Les unes ont orné leur corps et fardé leur visage pour tromper les hommes; les autres, infidèles à leurs maris, ont introduit des bâtards dans la famille. — Et combien doivent durer les supplices de ces malheureux? — Ils seront proportionnés à leurs péchés et à ce qu'on fera sur la terre pour les délivrer, en prières, en messes, en jeûnes, en pélerinages, en aumônes. Quant à ceux qui sont dans le puits d'enfer, ils sont damnés pour l'éternité, sans rédemption. Des prêtres, en aussi grand nombre qu'il y a de gouttes d'eau dans la mer, diraient chaque jour des messes à leur intention qu'ils ne parviendraient pas à en sauver un seul; leurs prières ne profiteraient qu'à ceux dont les peines ne doivent pas être éternelles : nul ne fait le mal impunément. A quoi sert d'apporter une lumière dans le lieu où entre un aveugle? Elle n'éclairera que ceux qui voient. «

LXXI. Et le comte voulait tout savoir. — « La plaine que vous avez d'abord traversée, lui dit-on encore, s'appelle *Purgatoire*, parce que les pécheurs y terminent la pénitence qui n'a pas été complète sur la terre, et nul ne sait quand il en sortira : tout est en Dieu. Le gouffre qui est béant au-delà du fleuve des morts, c'est l'*Enfer*, où nulle rédemption n'est possible. Maintenant, vous êtes dans le *Paradis terrestre* : c'est ici que Dieu avait créé Adam et Ève, séjour de jouissances pures et de délices dont il les chassa, parce qu'ils cueillirent le fruit défendu. — Mais de quoi vivez-vous ici ? — De la gloire de Jésus-Christ dont il nous envoie les rayons à l'heure de tierce. Nous avons terminé notre pénitence au Purgatoire, mais nous ne sommes pas encore dignes d'être admis au sein de Dieu dans le *Paradis céleste* que vous voyez au-dessus de nous ; c'est le séjour des Saints » Ainsi le comte de Bourlemont avait tout vu. Il remercia ses hôtes qui le conduisirent jusqu'à la porte du Paradis terrestre, et ayant repris le chemin qu'il avait suivi en venant, il triompha avec la même facilité de tous les obstacles que lui suscitèrent les démons. Son retour sur la terre fut accueilli par de nombreuses acclamations, et il raconta aux incrédules tout ce qu'il avait vu, tout ce qu'il avait appris.

LXXII. Le lendemain, le jeune fils du comte de Bourlemont demanda à soutenir la seconde épreuve. Il en revint sain et sauf et confirma, par ses récits, tout ce qu'avait dit son père. Le comte de Clefmont, parent de S. Patrick et des Bourlemont, fit avec autant de succès la troisième épreuve. Il en fut de même de plusieurs autres chevaliers ; mais le seigneur de Chaumont, qui était de la même parenté, et d'autres mauvais chrétiens, qui voulurent aussi descendre dans la fosse de S. Patrick, n'en revinrent pas : ils restèrent la proie des démons et furent précipités dans l'Enfer. Le peuple d'Irlande, témoin de tous ces miracles, crut fermement en Dieu.

LXXIII. Alors Patrick fit fermer la fosse avec des portes de fer, et il fonda sur le lieu même où Dieu avait fait tant de miracles, une abbaye dont le fils de Jean de Bourlemont fut le premier abbé. A la mort du saint apôtre, cette abbaye prit le nom de Paradis-Terrestre. On y conserve l'évangéliaire que Jésus-Christ envoya à son bien-aimé, avec la crosse épiscopale. Quand les moines de l'abbaye entendent les plaintes des pécheurs monter jusqu'à eux par les portes de fer, ils disent des messes et prient pour la délivrance des âmes du Purgatoire.

LXXIV. Le comte de Bourlemont, Pierre son fils, et le comte de Clefmont, après avoir assisté aux funérailles de S. Patrick, s'étaient remis en mer pour rentrer en France; mais ils trouvèrent leurs terres dévastées par les Infidèles. Alors, dans leur désespoir, ils s'écrièrent : « Nous avons souffert pour la Foi; comment Dieu a-t-il pu laisser ainsi envahir nos domaines!!!... Nous ne ferons plus le bien! » Mais c'était le démon qui les poussait à blasphémer ainsi, et la Vierge Marie qui les protégeait leur envoya du Ciel une voix qui leur dit : « Cœurs faibles! pourquoi vous laisser abattre par le moindre revers? Dieu a ses raisons pour envoyer le mal sur la terre : quelquefois c'est pour éprouver les hommes — rappelez-vous Abraham, Job, Tobie, — ou pour les punir, comme Datan et Abyron. C'est aussi pour terrasser l'orgueil, comme il le fit à l'égard de S. Paul qui, ravi au Ciel, y avait surpris les éternels secrets; ou bien encore, c'est pour faire briller le mérite des Saints; souvent aussi le mal est un commencement de pénitence qui doit abréger les peines du Purgatoire. Relevez-vous donc, et Dieu ne vous abandonnera pas. » Les deux chevaliers, honteux de leur faiblesse, en firent pénitence et ils n'abandonnèrent pas la voie du Seigneur.

LIVRE VII.

—

HISTOIRE DU DOYEN OTHON ET DU COMTE DE BOURLEMONT. *

LXXV. Le seigneur de Saulx, fils du sire de Grancey et de la fille du roi de Hongrie, avait eu deux fils. L'un avait hérité de la seigneurie, l'autre était devenu doyen de l'église de Langres. Le premier mourut, et son frère le doyen, qui se distinguait surtout par sa beauté et par ses manières chevaleresques, eut tout l'héritage paternel. Othon, c'était son nom, était encore protecteur des abbayes Saint-Bénigne et Saint-Étienne de Dijon, et il tenait l'ancien fief de Villey en gage des fous de Vesvres; c'était donc un seigneur riche et puissant. On le nomma évêque de Langres; mais à peine eut-il pris possession qu'un parti s'éleva contre lui dans le chapitre; on lui reprocha d'entretenir publiquement une femme dans la maisonnette du bois de Villey, près de la fontaine du Lion, et d'avoir réduit à la misère un bonhomme de Mussiot dont il n'avait pu séduire la femme. Il fut déposé.

LXXVI. Alors Othon se rendit à Vézelay. Il pria Ste Marie-Magdelaine d'intercéder pour lui près du Seigneur, et ayant obtenu de

* Nous avons vu que le seigneur de Saulx avait épousé une dame de Mont-Saint-Jean. Le doyen Othon, son fils, est un personnage historique. On racontait de lui une foule d'aventures sur lesquelles l'auteur de notre chronique a brodé la dernière partie du roman. Nous n'avons qu'une remarque à faire relativement à l'église de Villey, c'est que la date de la dédicace n'est pas exacte, ou, ce qui est probable, il y a erreur dans la désignation des princes régnants. Vignier pense qu'il faut lire 1160; mais, à cette époque, S. François n'était pas né; 1176 conviendrait mieux, et, cependant, la concordance ne serait pas encore parfaite.

l'abbé, qui était son parent, des reliques de cette sainte femme, il se retira à Villey, où il fonda une église en l'honneur de sa nouvelle protectrice et de S. Jean-Baptiste. Cette fondation fut approuvée par le pape, par le roi, par l'évêque diocésain, par le chapitre et par les fous de Vesvres, propriétaires du sol. Jocome de Rouelles, curé de Cressey, fut le premier curé de la nouvelle église, qui resta cependant succursale de Cressey. Othon donna les vases sacrés et tous les ornements nécessaires ; les fous de Vesvres firent des donations territoriales, et Pierre de Bourlemont, dit Gravier, chevalier banneret, donna une vigne. Il y avait alors trente habitants dans la paroisse, tant clercs que laïques ; il fut convenu que chaque ménage donnerait annuellement au curé une émine de blé, conseigle ou méteil, à la Saint-Remy d'octobre, et que les habitants s'acquitteraient des dîmes et autres coutumes à leur volonté et selon leur conscience.

LXXVII. La dédicace de l'église Sainte-Magdelaine de Villey se fit avec grande solennité. S. François, de l'ordre des frères mineurs, y prêcha avec effusion, dès l'aube du jour jusqu'à tierce, sur la loi du Christ et sur la vie de Marie-Magdelaine, en présence d'une foule immense accourue de tous les villages voisins. Comme Moïse dans le désert, le saint prédicateur parlait du haut d'un tertre aux fidèles répandus de tous côtés dans la plaine ; l se tenait sous un vieux saule, et l'on raconte que, pendant le sermon, un serpent monstrueux sortit du pied de l'arbre en sifflant. S. François fut un instant troublé, car on n'avait jamais vu dans le pays un semblable reptile ; il se crut en présence du malin esprit ; mais il se remit bientôt de sa frayeur, et sur un signe de croix qu'il fit, le serpent rentra en terre, sans cependant qu'il y eût trace d'aucune ouverture. Après le sermon, l'évêque de Langres Gauthier fit la bénédiction, la consécration et la dédicace du temple. Quand l'office fut terminé, tous les assistants, sans distinction d'âge, de sexe, ni d'état, s'assirent à une immense table dressée dans la prairie, près du moulin, et abondamment servie de mets variés. Enfin, après la collation, tous les nobles, le duc de Bourgogne, les seigneurs de Grancey, de Tréchâteau, de Bourlemont, et un grand nombre d'autres du pays de Bourgogne, de Champagne, de Lorraine et de France, donnèrent le spectacle d'un brillant tournoi. Toute la journée se passa en fêtes et en réjouissances, selon cette parole du pape S. Grégoire : *Que l'univers se réjouisse le jour de la fête de Se Marie-Magdelaine !* L'abbé de Saint-Bénigne et plusieurs autres des ordres noir et et blanc assistaient à cette belle solennité dont on doit transmettre le souvenir à la postérité. C'était le jour de fête Ste Marie-Magdelaine, l'an MCXCVI, sous le pontificat du pape Honoré, Frédéric étant empereur et roi, Louis gouvernant le royaume de France.

LXXVIII. Mais le doyen Othon s'était épris d'une vive passion pour une demoiselle qu'il avait remarquée à la fête de Villey et près de laquelle il s'était trouvé placé à la table commune. Il ne dormait plus. Il trouvait sa bien-aimée plus belle que la Vierge Marie, il l'adorait comme Dieu dans le secret de son cœur. Il jeûnait et priait, cependant ; mais rien ne pouvait le distraire ; il était toujours occupé de l'objet de sa passion. « C'est une enchanteresse, disaient ses amis ; son souffle a affolé notre pauvre doyen. » Et il ne pouvait l'épouser, parce qu'il était dans les ordres. Enfin il consulta S. François, qui lui conseilla de voyager. A cette époque, Pierre de Bourlemont, dit Gravier, était tombé en disgrâce, et les sergents du roi avaient saisi son domaine. Il se décida facilement à entreprendre aussi un long voyage. Les deux parents s'entendirent pour aller au secours du duc d'Athènes, leur cousin, qui était alors engagé dans une terrible guerre ; ils mirent ordre à leurs affaires ; Gravier donna à l'église de Villey ses vignes de Flavigny, et ils partirent.

LXXIX. Nos deux compagnons firent pendant cinq ans la guerre en Grèce ; de là ils passèrent en Apulie où ils restèrent également cinq ans ; puis ils traversèrent les mers pour aller visiter le Saint-Sépulcre et les lieux sanctifiés par le séjour du Christ. Ce pieux pélerinage dura trois ans ; mais enfin le sultan fit nos voyageurs prisonniers. D'autres chevaliers qu'ils avaient rencontrés en Terre-Sainte furent plus heureux : Hugues de Bourgogne, se voyant près de tomber entre les mains des Sarrazins, fit vœu à la Vierge de lui bâtir une église, et il se retira sain et sauf de la mêlée. Pour s'acquitter de son vœu, il fit bâtir l'église Notre-Dame de Dijon. Cinq frères du pays d'Orléans, braves chevaliers, promirent, au moment du danger, d'offrir chaque année, dans l'église Sainte-Croix, cinq chevaux en cire, de grandeur naturelle et portant leurs cavaliers, et ils tinrent parole.

LXXX. Cependant, après sept ans de captivité, le doyen de Langres et le sire de Bourlemont furent mis en liberté, grâce aux instances de la fille du sultan, qui, s'étant laissé prendre aux belles paroles et à la galanterie de Gravier, en était devenue éperdument amoureuse. Le sultan fixa le prix de la rançon et les laissa libres sur parole. Les deux seigneurs s'embarquèrent donc. Si Othon était impatient de revoir la Bourgogne, c'était pour y retrouver sa bien-aimée qu'il n'avait pu oublier. « Elle est si belle, si noble, si gracieuse! répétait-il sans cesse ; nul ne pourrait dire combien je l'aime. » Mais il ne devait plus la revoir. Le vaisseau qui le ramenait dans sa patrie ayant été jeté par les vents loin de la direction qu'il devait suivre, le doyen se laissa emporter en injures et en menaces contre les matelots, et comme dit Caton : *Trop parler nuit, trop gratter cuit.* Les matelots, furieux, le précipitèrent dans les flots. *La mer est un cimetière que Dieu bénisse !*

LXXXI. Gravier avait été plus calme, et les matelots, qui eurent bientôt retrouvé leur route, le conduisirent au port; car le proverbe dit : *Belle parole n'écorche pas la bouche.* Il y resta le temps nécessaire pour y faire recommander l'âme de son malheureux ami, et rentra à Bourlemont le jour de la Pentecôte, à l'heure de sexte, après le dîner. Son heureux retour fut joyeusement fêté par toute la famille, qui l'avait cru mort, et par les seigneurs voisins. Le premier soin du comte fut de s'enquérir de l'état de ses affaires, car il désirait dégager au plus tôt sa parole. Il vit avec douleur qu'il ne pourrait pas réunir de suite l'argent nécessaire, parce qu'il avait déjà aliéné une partie de ses terres avant son départ. Alors il envoya ses excuses par Hémonnin de Villey, le fils du fou de Vesvres, et demanda du temps. Non-seulement sa demande fut gracieusement accueillie, mais le messager fut encore chargé par la fille du sultan de remettre au beau chevalier chrétien une arbalète enrichie d'or et de diamants, qui lançait un trait sûr et terrible. Quand Gravier eut enfin sa rançon, il voulut la porter lui-même; mais il eut le tort de s'arrêter en Italie pour guerroyer, et il fut tué sous les murs de Lucques d'un trait qui le frappa en pleine poitrine. Son corps fut rapporté en Lorraine par les officiers de sa suite, et on le déposa dans l'église des frères mineurs de Neufchâteau.

ADDITIONS. *

LXXXII. Adeline, fille du comte de Langres, reine de Jérusalem et duchesse d'Orléans, a commencé ce livre et y a réuni quelques histoires antérieures à la naissance du Christ. Ensuite

* Les additions faites au roman, de 1319 à 1336, sont conformes aux données historiques. Nous avons dit, dans notre préface, notre opinion sur l'auteur de la *Roue de Fortune*, et cette assertion finale, *que S. François a donné ce livre à la famille de Grancey*, nous en semble la confirmation.

Gérard de Hautgué, près Theuley, grand archidiacre de Langres, profès en l'un et l'autre droit, et chancelier de France, fils de Pierre, dit Mauregard, vicomte d'Orléans, et Jean de Vesvres, près Chalancey, évêque de Grèce, l'ont continué vers l'an 1220.

LXXXIII. L'an 1319, le jour de Sainte-Marguerite, vierge et martyre, après une enquête faite au château de Grancey par des hommes dignes de toute confiance, en présence de Louis de Poitiers, évêque de Langres; de Jean, dit Joliet, jacobin de Langres, maître en théologie, et son compagnon; de frère Milon de Chevannes, cordelier, et de plusieurs autres, Eudes de Grancey reconnut que les générations mentionnées dans cette chronique sont si éloignées les unes des autres que la plupart des maisons auxquelles elles appartiennent peuvent s'unir par des mariages; Grancey avec Thil-Châtel, par exemple, Bourlemont, Choiseul, etc. Il reconnut encore qu'une branche de cet arbre généalogique, celle des fous de Vesvres, représentée par Jean de Rupt et Érard de Mussiot, était de la parenté des Grancey au quatrième degré, et il le déclare pour que ses enfants la reconnaissent et ne la méprisent pas, car il est écrit dans l'Évangile : *Tu ne mépriseras pas ta chaire.* Il fut prouvé que les fous avaient vendu le château de Mirebeau et Salive au duc de Bourgogne; qu'ils avaient engagé Villey au grand doyen de Langres et vendu plusieurs terres aux seigneurs de Saulx.

LXXXIV. Élisabeth de Blamont fit ajouter que Ste Élisabeth, fille du roi de Hongrie, était de la famille de Blamont, et que l'on conservait encore précieusement sa ceinture à Grancey.

Ledit Eudes de Grancey eut quatre enfants : un fils, Eudes, qui fut seigneur de Grancey, et trois filles; Cunégonde, la première, fut dame d'Arcis en Champagne; puis, par un second mariage, dame de Conflans; la seconde, Jeanne, épousa le sire de Bourlemont; et la troisième, Marguerite, fut dame de Bosiean, outre Saône.

LXXXV. Le chevalier banneret Jean de Bourlemont et Jeanne de Grancey, sa femme, ajoutèrent que la comtesse de Saarbruck était déjà veuve du seigneur de Bosjean. Ils firent insérer par addition que Gravier et les autres seigneurs de Bourlemont ont acheté Gerbonvaux ; qu'ils y ont fondé un hôpital en l'honneur de S. Éloi, et qu'ils ont voulu y être enterrés. Lesdits seigneur et dame de Bourlemont, Jehan et Jehannette de Grancey, firent encore ajouter que Geoffroy de Bourlemont, dit Gravier, aïeul dudit Jehan, avait envoyé outre-mer Hémonnin de Villey, issu des fous de Vesvres, pour engager la fille du sultan de Babylone à venir en Lorraine et à s'y faire baptiser ; qu'il lui avait fait promettre un vaillant époux de la famille de Bourlemont, mais qu'elle avait refusé, disant que si Gravier lui-même voulait la prendre pour femme elle était prête à quitter son père et sa mère, et qu'elle ferait ensuite tous ses efforts pour les convertir. Il est certain qu'elle s'était déjà entendue avec Gravier pour se réunir à lui ; mais les préoccupations de la mort l'empêchèrent de réaliser son projet.

S. François, envoyé par le pape vers le roi de France, a donné ce livre à la famille de Grancey.

Le seigneur et la dame de Bourlemont ont fait ces additions l'an 1336, le samedi avant la Saint-Barnabé, apôtre, à Dom-Remy.

FIN.

TABLE SOMMAIRE.

LIVRE III. — Les huit filles de Grancey.

LIVRE IV. — La fille cadette du comte de Langres.

LIVRE V. — PIERRE MAUREGARD.

LIVRE VI. — LE PURGATOIRE DE S. PATRICK.

LIVRE VII. — HISTOIRE DU GRAND DOYEN OTHON ET DU COMTE DE BOURLEMONT.

ADDITIONS A LA CHRONIQUE.

FIN DE LA TABLE.

www.ingramcontent.com/pod-product-compliance
Ingram Content Group UK Ltd.
Pitfield, Milton Keynes, MK11 3LW, UK
UKHW020341250726
13967UKWH00005B/2065